Ravensburger Taschenbücher
Band 151

Hans Baumann

Gold und Götter von Peru

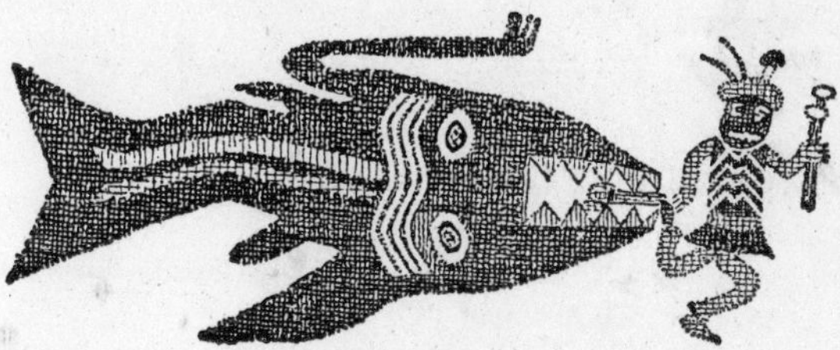

Otto Maier Verlag Ravensburg

Aufgenommen in die Bestliste des Deutschen Jugendbuchpreises
Übersetzungen dieses Buches sind erschienen in:
Dänemark, England, Holland, Finnland, Italien, Spanien, Schweden, USA

Erstmals 1969 in den Ravensburger Taschenbüchern
Lizenzausgabe mit Genehmigung der
Verlagsgruppe Bertelsmann GmbH / Bertelsmann Jugendbuchverlag
München – Gütersloh – Wien

Umschlagvorderseite: Machu Picchu, die Zufluchtsstadt der letzten Inka
Foto von Bavaria Laborde, Dokumentation-Internationale, Charenton-Paris
Umschlagrückseite: Markttag in Pisak. Foto von Georg Müller, Mannheim

Zeichnungen: August Lüdecke und Hans Peter Renner

Gesamtherstellung: Druckerei Am Fischmarkt, Konstanz
Printed in Germany

9 8 7 6 79 78 77

ISBN 3-473-39151-4

Inhalt

Ein geheimnisvolles Wort

Wo fängt Peru an? So fragten vor vierhundert Jahren Spanier, die von Panama nach Süden segelten – wie vor ihnen Pizarro, der Eroberer des Inkareiches. Sie fragten einen von Pizarros Kapitänen, und der Seefahrer sagte ihnen: Wenn ihr am Ufer keine Bäume mehr seht, seid ihr in Peru. Ein alter Indianer hatte auf die Frage nach dem Inkaland aus einer Handvoll Lehm ein indianisches Kamel gemacht, ein Lama. – Dorthin, wo es im Hochland Lamas gab und keine Bäume an der Küste, wollten die Spanier; denn dort, das hatten sie gehört, gab es mehr Gold als sonstwo auf der Erde. Befremdet von der Goldgier weißer Männer, hatte ein Häuptlingssohn den Spaniern gesagt: Wenn ihr schon euer Land verlassen habt und über ein so großes Meer gefahren seid, dann segelt südwärts bis zu einem Volk, das Schiffe aus zusammengebundenen Bäumen hat und einen Herrscher, der auf goldnem Throne sitzt, von goldenen Tellern ißt, der goldene Gewänder und ein Haus aus Gold hat, weil ihm die Flüsse täglich Gold zutragen. Geht in das Land, in dem der Inka Herr ist!

Die Spanier kamen an die Küste, an der es selten Bäume gab, doch sehr viel Sand; viel Wind, dagegen wenig Unterschlupf in Buchten. Sie fanden Flüsse, deren Wasser nicht ins Meer floß, sondern in bebautes Land, das zwischen gelben Wüsten lag. Sie drangen in das Innere des Landes ein. Am Rand der Wüste fingen Berge an, und schließlich waren die Eroberer umzingelt von Bergen, deren Gipfel ewiger Schnee deckt. Sie hatten sich in eine Welt aus Stein verirrt. Das Hochland war so wüst und leer und so dicht unterm Himmel, daß sie Gespenster sahen, weil ihre Lungen nicht mehr Luft genug bekamen. Und Tag für Tag vier

Jahreszeiten: morgens Frühling, mittags Sommer, abends Herbst, nachts Winter. Weiter im Osten stießen sie auf Urwald, für sie undurchdringlich. Das also war Peru: ein Land mit drei Gesichtern; ein Land, gemacht aus Wüste, Fels und Dschungel. Wie kann ein Mensch hier leben? fragten sich die Spanier.

Sie kamen aus dem Staunen nicht heraus; denn Menschen gab es — selbst dort, wo weder Strauch noch Baum wächst. Es gab auch Städte, größer als Toledo, Straßen, besser als die Straßen in der Alten Welt. Es gab ein Reich, geordneter als Spanien. Vor allem gab es, was sie suchten: Gold. Und alles Gold gehörte einem Mann, dem Inka. Vom Gold geblendet, schafften die Eroberer den Inka aus der Welt. Und nun gehörte ihnen alles Gold. Was ihnen in die Hand fiel, goldene Gefäße, Kronen, Götter, Masken, Schmuck und Tempeldächer, das machten sie in Schmelzöfen zu Barren. Und als kein Gold mehr offen dalag, fing die Suche nach verstecktem Gold an. In Gräbern, Pyramiden, Tempeln suchten sie. Sie hatten von den Indianern ein Zauberwort gelernt: Huaca. Huacas — für die Peruaner Heiligtümer; für die Spanier Plätze, an denen Gold zu finden war. Huaca, das hieß für die Plünderer Gold und Goldeswert. Kein anderes Wort ließ die Augen der Eroberer mehr auffunkeln.

Als die Eroberung von Peru beendet war, wurde das Wühlen in zerstörten Heiligtümern, Pyramiden und Gräbern dreihundert Jahre lang von Leuten fortgesetzt, die Huaqueros hießen: Huaca-Sucher. Nun wurden Goldgeräte, Masken, Kronen nicht mehr eingeschmolzen, weil Sammler für sie hohe Preise zahlten, auch für Gewebe und für Tongefäße. Was als Huaca auf dem Markt gefragt war, entrissen Schatzsucher bedenkenlos dem Boden. Niemals verrieten sie, woher sie etwas hatten. Wo sie am Werk gewesen waren, blieb zerpflügte Erde.

Erst seit rund hundert Jahren sind im Inkaland Ausgräber tätig, die mehr von Scherben halten als von eingeschmolzenem Gold. Sie graben nicht bei Nacht, und nichts von dem, was sie zutage bringen, wird verheimlicht. Jeden Erdkrümel nehmen diese Männer wichtig.

In Nordperu, am Ufer des Chicama-Tales, schnitt vor ein paar Jahrzehnten der Amerikaner Bird einen zwölf Meter hohen Ab-

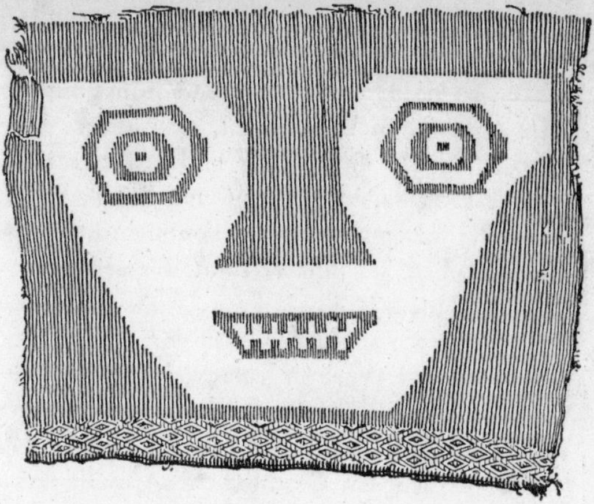

Gewebe, vermutlich Küsten-Tiahuanaco

fallhaufen an, auf den ihn der peruanische Forscher Larco Hoyle aufmerksam gemacht hatte. Der unscheinbare Hügel hieß Huaca Prieta. Kein Huaquero hatte sich bisher an dieser ›dunklen Huaca‹ vergriffen, denn sie versprach nicht viel. Bird trug sorgfältig Schicht um Schicht ab. Und er fand Anhaltspunkte dafür, daß sich an dieser Stelle bereits vor viertausendfünfhundert Jahren Menschen angesiedelt hatten. Aus dem, was Bird aufdeckte, ging hervor, wie diese frühen Peruaner gelebt, was sie getrieben hatten. Als Bird mit seiner Arbeit fertig war, lag die Huaca vor ihm aufgeschlagen wie ein Buch, von dem nicht eine Seite fehlt. Für Forscher war nun eine Geschichte abzulesen, von Jahrhunderten geschrieben.

Die Huaqueros aber machten es wie jemand, der ein altes Buch von großem Wert zerlegt, um die einzelnen Blätter möglichst teuer loszuschlagen. Die Blätter sind dann in den Wind geworfen, das Buch kann nie mehr ganz gelesen werden.

Der Archäologe nimmt nichts weg, bevor er nicht genau bestimmt hat, wo es lag. Bei seiner Arbeit geht er Schritt um Schritt zurück. Er stellt die gleiche Frage wie Pizarro: Wo fängt Peru

an? Auch er dringt in das Land ein, tiefer noch als die Eroberer. Ihm liegt daran, eine zerstörte Welt zu neuem Leben zu wecken. Er hat sich dafür vorbereitet und bringt nicht nur Grabungsgeräte mit – ihm ist bekannt, was andere bereits entdeckten. Scherben, die für Grabräuber und Eroberer stumm sind, haben ihm etwas zu sagen. Er weiß um die Bedeutung indianischer Worte. Die Inkasprache, heute von mehr Menschen als zur Inkazeit gesprochen, ist ihm vertraut. Er weiß, was das geheimnisvolle Wort Huaca heißt.
›Im Wort Huaca steckt das, was wir suchen‹, sagte ein Ausgräber zu mir. Das Wort ist strenggenommen nicht nur ein Wort. Es sind zwei Worte: Hua – ich, und ca – von her. Huaca heißt: Von dem ich herkomme, aus dem ich stamme. Huaca ist der Ursprung, aus dem ein Geschlecht kam; nach peruanischem Glauben wurden die Ersten jeder Sippe bei ihrem Tod am Ort ihrer Geburt verwandelt: in einen Jaguar, in einen Stein, in einen Bären, einen Kondor – in eine Huaca. Vor hundert Jahren hat ›der größte aller Peruanisten‹, Raimondi, der ein Leben lang Peru durchforscht hat, beim Orte Chavin einen grünen Stein entdeckt, auf dem ein rätselhaftes Wesen abgebildet ist, halb Mensch, halb Tier; eine Erscheinung, die Furcht erregt. In ihren Klauen hält sie Zepter, die aussehen, als seien sie am Leben. Doch was vor allem in die Augen springt: Haupt ist auf Haupt gesetzt. Ein Turm aus Häuptern steht da: eine Huaca, die das Geheimnis dieses Wortes sichtbar macht. Ein Haupt kommt aus dem andern her, die Ahnenreihe reicht zurück bis an den Ursprung, das sagt der grüne Stein, den Raimondi entdeckt hat.

Archäologen deckten vieles in Peru auf – auch eine große Inkalüge. Die Inka hatten nach Errichtung ihres Reiches all ihren Untertanen verkünden lassen: Vor uns war nichts Nennenswertes, erst durch uns wurden die Einwohner von Peru zu Menschen, die Häuser bauten, Mais anpflanzten und in Frieden lebten; bevor wir kamen, hatten sie gehaust wie wilde Tiere... Im Dienst des Inka standen ›weise Männer‹, die alles Frühere zu einer Inkatat umdenken mußten. Was nicht zum Ruhm der Sonnensöhne beitrug, wurde weggedacht. Die Umdenker erfanden Lieder und Geschichten, und alle unterworfenen Stämme mußten

Raimondi-Stein

lernen: Im Anfang aller Dinge war die Sonne. Ihr Sohn, der Inka, schuf das erste Reich.

Die Archäologen ließen sich nicht täuschen. Sie fanden Königreiche, älter als das Inkareich, und Städte, älter als die Inkastädte. Sie fanden Pyramiden – und nicht die Inka waren die Erbauer. Hartnäckig hoben Archäologen Schicht um Schicht ab. Huaqueros, spanische Eroberer, Inka, Städtegründer, erste Siedler – sie alle hatten Spuren hinterlassen. Die frühesten Spuren waren stets in Schichten, die von zahlreichen Schichten überdeckt sind. Auf das, womit es anfing, stoßen Ausgräber zuletzt. Das Schlußkapitel ist für sie das erste.

Unmittelbar vor den Archäologen schrieben sich in die Erde von Peru die Plünderer ein, für die das Wort Huaca Gold bedeutete. Von Gold und Huaqueros ist daher zuerst die Rede.

Der große goldene Fisch

Peru hat goldene Adern. Zahlreiche Andenflüsse führen Gold. Goldwäschereien gab es in Peru schon früh, in Huari, Capac Orco und Camanti, an vielen anderen Orten, die alte indianische Namen haben. Manche von ihnen sind von düsterem Klang.

1814 wurden die Goldarbeiter von Phara durch Waldindianer mit Keulen erschlagen. Indianer aus dem Urwald stürmten um die gleiche Zeit die Schmelzöfen von San Gabán und überfielen auch die Goldminen von Tambopata. Ein englischer Werkmeister wurde auf dem Hügel von Camanti mit Indianerpfeilen an sein Haus geheftet. Nicht für dich und deinesgleichen ist das Gold, bedeuteten die Pfeile; es ist für uns, die wir hier leben, seit dieses Land von Menschen weiß. Bereits vor Tausenden von Jahren verstanden peruanische Goldschmiede Schmuck zu machen, Gerät aus Gold und goldene Gewänder, und nicht nur die Gesichter toter Könige, auch Tempelwände deckten sie mit Gold. In die Strohdächer auf den Tempeln waren Halme aus purem Gold gemischt – bis die Eroberer aus Spanien kamen.

Dann schmolz viel Gold dahin, verschwand in spanischen Satteltaschen, spanischen Häusern, spanischen Schiffen – auch in der Erde. Und aus der Erde wird bis heute Gold geholt. Es kommt zuweilen vor, daß Bagger beim Straßenbau plötzlich ein Goldgefäß in ihren Eisenzähnen halten. Unweit der alten Inkahauptstadt Cuzco verirrten sich ein Junge und ein Mädchen in ein Gewirr von unterirdischen Gängen. Bei einem Kloster kamen sie heraus, verängstigt, unfähig, ein Wort zu sagen. Zu Anfang ihres Abenteuers hatten sie, beide noch mit Streichhölzern versehen, einen Fund gemacht: das Mädchen einen Maiskolben aus Gold, der Junge einen kleinen goldenen Fisch.

Von einem großen goldenen Fisch, bis heute unentdeckt, hält sich hartnäckig das Gerücht. Ein solcher großer Fisch, armlang und aus massivem Gold, war 1566 aus einem Königsgrab der Küste aufgetaucht. Damals hatten noch einige gelebt, die wußten, wo der andere große Fisch begraben liegt. Sie hatten nichts gesagt. Bis heute wird nach diesem Fisch gefahndet.

Es gibt Huaqueros, die drauf schwören, daß Coca, das alte Zauberkraut, Hellsichtigkeit verleiht, wenn man es mit der Erde kaut, in der man sucht; nur muß man sehr viel Coca auf den Boden spucken und auch genügend Maisbier darauf gießen, damit die Geister, die das Gold bewachen, betrunken werden. Es gibt Bauern, die Ackerbauterrassen aus der Inkazeit bestellen, um unverdächtig dort die Erde aufzuwühlen. Heute ist die Erlaubnis für Grabungen schwer zu erlangen, selbst für Archäologen. Es geht nicht ohne Unterschrift des Präsidenten von Peru. Lange aber wurde unbebautes peruanisches Land von Abenteurern und Reisenden als Niemandsland betrachtet, in dem jeder sein Glück versuchen konnte. Wie die Museen in verschiedenen Ländern, wie zahllose Privatsammlungen zeigen, wurde erstaunlich vieles aus Peru entführt — noch einige Jahrhunderte nach Pizarro.

Dem Obersten Le Rosa, der um 1870 grub, fiel eine unschätzbare Beute zu. Er fand auch goldene Gruppen, Holzfäller mit Algarrobo-Bäumen, ein Kind in einer Hängematte, von der ein Feuer eine Schlange fernhält... Der Oberst beichtete dem Forscher Charles Wiener, er habe ein paar tausend goldene Schmetterlinge eingeschmolzen, von denen jeder nur einige Milligramm wog; ein Hauch genügte, um sie in der Luft zu halten.

Dem deutschen Peruforscher Brüning, der mit Schatzgräbern um die Wette grub, glückte 1936/37 der größte Goldfund jener

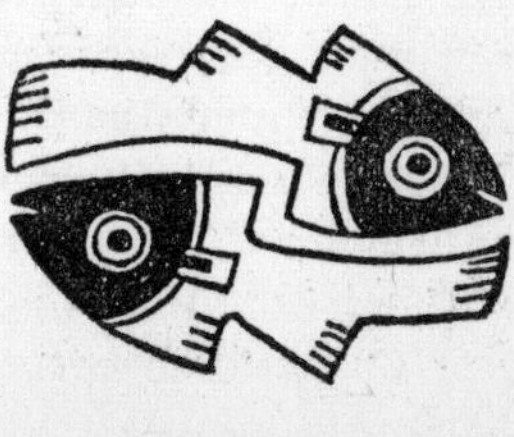

Fischmotiv auf einem Chimu-Gefäß

Jahre. Brüning fand Goldscheiben mit Menschenhäuptern, die aus Tierleibern hervorkommen; Becher mit doppelten Böden, zwischen denen Steine eingeschlossen sind, die Lärm schlagen, wenn man die Becher schüttelt; eine goldene Spinne, die Perleneier legt; Gefäße in der Form von Schneckenhäusern, Gürtel mit Jaguarköpfen, goldene Kronen. Das Hauptstück ist ein goldenes Opfermesser, reich mit Türkisen eingelegt, fast einen halben Meter lang, ein Kilogramm schwer. Der Griff stellt einen Gott mit Flügeln dar, mit stürzenden Kolibris als Ohrgehänge, mit einer großen Krone auf dem Haupt.

Brüning machte seine Funde in Illimo, Zapame und Batán Grande. An jedem der drei Plätze fand er Heiligtümer, in Batán Grande allein fünf Pyramiden, versteckt in Algarrobo-Wäldern, die vom Rio Leche durchschnitten werden. Im Flußsand glitzert Gold, in Kiesel eingesprengt. Nahe der Uferböschung gähnen heute tiefe, ausgeraubte Schächte. Ringsum sind Reste von Kanälen, zu einer Zeit gebaut, da dieser Winkel von Peru noch nicht zum Inkareich gehörte. Die Felder brauchten damals nicht zu darben. Batán Grande bedeutet ›großer Mahlstein‹, so benannt nach einem Fund aus einer Zeit, für die kein Datum feststeht.

Nicht weit von den fünf Pyramiden liegt ein Gutshof, zu dem viel Besitz gehört, hauptsächlich Land, auf dem Zuckerrohr gepflanzt wird. Ein Gutsherr mit sechs Söhnen wirtschaftete dort bis vor ein paar Jahrzehnten. Solange der Alte lebte, durfte niemand wagen, die Pyramiden anzutasten, erst recht nicht die alten Gräber. Das wurde anders, als der Alte starb. Die Söhne hatten viel gehört von Huaqueros. Es war für sie nicht einzusehen, warum nicht auch sie ihr Glück versuchen sollten. Da sie viel Geld verbrauchten und ihre Mutter nichts dagegen hatte, begannen sie die Pyramiden aufzubrechen. In einer Kammer ihres großen Hauses sammelte sich Gold — so viel, daß das, was sie für sich verbrauchten, gar nicht zählte. Doch gruben nicht nur sie; Arbeiter, die auf dem Gut beschäftigt waren, bekamen Wind vom Treiben der sechs Brüder. Sie sagten sich: Warum nur sie und nicht auch wir? Sie waren, so wird dort erzählt, von einem Mann verleitet, den in der Gegend jeder kannte — und fürchtete. Das war ein Arzt. Ein zweiter Arzt lebte vor Jahren in der Gegend.

Er war Chinese. Da er die Rechnungen nach dem Vermögen seiner Patienten stellte und tüchtig war, hatte er viel mehr Zulauf als der andere. Man fand ihn eines Morgens tot in seinem Haus — mit einigen Wunden. Instrumente fehlten. Seit jenen Tagen hieß der andere Matachino: Chinesentöter. Nie wurde er verfolgt. Im Dunkeln aber tauchten oft Gestalten auf, die der Chinesentöter in sein Haus einließ: Huaqueros, die nicht mit leeren Händen kamen.

In Batán Grande spielte sich damals bei einem Fest ein Vorfall ab, der Aufsehen erregte.

Einer von den Betrunkenen ging weg, verschwand in seinem Haus und kam in einem Kittel wieder, der aus zahllosen Goldplättchen gemacht war. Eine Sonne, aus der Strahlen brachen, war mitten auf der Brust. Der Huaquero war von Schnaps und seinem Fund berauscht. Er fing zu tanzen an. Erst waren die Zuschauer starr, dann tobten sie. Der Huaquero tanzte, bis ihn seine Beine nicht mehr trugen. Die Sonne drehte sich und stürzte dann zu Boden. Gendarmen, die sich eingefunden hatten, von dem Gebrüll herbeigeholt, griffen nun zu und zogen dem Außer-sich-Geratenen das Gewand aus, das einst ein Priester oder Fürst getragen hatte. Der Mann, ernüchtert, wanderte in ein Gefängnis, die Sonne von Batán in ein Museum.

Viel Batán-Gold verschwand im Haus des Matachino — so wird erzählt. Man will auch wissen, wie es anfing: Ein Mann, der unterm Poncho etwas trug, kam eines Tages zum Chinesentöter. Der Matachino war allein im Haus. Der Fremde, der sich weigerte, seinen Namen preiszugeben, bot einen schweren Goldbecher von bester Arbeit an. Der Matachino sah sofort, daß es ein Stück von unschätzbarem Wert war, und nannte einen Preis, auf den der andere einging. Wie üblich, wurde nun getrunken. Nach ein paar Stunden kam ein Gast, der Polizeichef, der für die Sicherheit um Batán Grande verantwortlich war. Als alter Freund des Matachino trank er mit, und nach zwei weiteren Stunden hatten sie den unbekannten Huaquero so weit gebracht, daß er ausplauderte, woher der Becher war: aus einer der fünf Pyramiden. Sobald der Fremde fort war, fuhren der Matachino und sein Freund, der Hauptmann, bei dem Gutshof vor. Die Brüder, in ein Kreuzverhör verwickelt, gestanden, daß sie ›einiges‹ gefunden hätten; sie erklärten sich bereit, auch für den Matachino und den Hauptmann ›einiges‹ auszugraben. Um ihren guten Willen auf der Stelle zu beweisen, gaben sie ein paar Stücke gleich mit auf den Weg. Die Nacht darauf sahen die Brüder ihr Haus umstellt. Der Polizeihauptmann ließ sie verhaften. Das Haus wurde durchsucht – vom Hauptmann und vom Matachino. Als die sechs Brüder aus der Untersuchungshaft heimkehrten, war die Schatzkammer ihres Hauses kahl. Inzwischen, das erfuhren sie, hatte der Polizeihauptmann gegraben – mit Polizeisoldaten. Trotz aller Vorsicht aber war das nicht geheim geblieben. Und eines Tages war ein Mann gekommen, der diesem Spuk ein Ende machte. Julio Tello, ein peruanischer Ausgräber von Rang, der Vollmacht hatte ein-

Zeremonialmesser, Nordküste

zugreifen, konnte Teile der Beute sicherstellen: Goldketten, deren Glieder winzige Gesichter sind, Fuchsköpfchen, Eulen, Schlangen, Priestertaschen mit Dämonengestalten aus flachem Gold, Opfermesser, aus Gold- und Silberrechtecken zusammengefügt, einen Priesterumhang aus eintausendsechshundert goldenen Schuppen, lange Wandbehänge aus feingeschlagenem Gold, goldene Totenhandschuhe, Totenmasken, Zepter – Götter, kleine goldene Fische ...

Doch an den großen goldenen Fang, der dem Chinesentöter ins Netz gegangen war, kam Tello nicht heran. Im Gegenteil: Der unheimliche Mann wurde sein Gegenspieler, als Tello anfing, in Batán zu graben. Nachts wurde manche Grabung zugeschüttet. Fundstücke waren plötzlich weg. Tello verschob die Grabungen auf später. Doch schob er seinem Widersacher einen Riegel vor: Ein anderer Hauptmann kam nach Batán Grande. Und ehe Tello ging, gelang ihm eine wichtige Entdeckung. Er fand ein Grab, in dem ein Priesterkönig beigesetzt war. Der Tote war in eine Matte aus dünnen Kupferstäben eingehüllt, so grün wie frisch geschnittenes Schilf. Unter den reichen Grabbeigaben waren Schalen, in deren Elfenbeingrund Tello geheimnisvolle Zeichen eingeschnitten fand, die vermutlich nie mehr zu entziffern sind.

Heute leben zwanzig Enkel des Alten von Batán. Nicht einer von ihnen ist ein Huaquero. Was sie von Ausgräbern geschenkt bekommen haben, verwahren sie mit Stolz. Und da sie oft Besuch von Archäologen haben, sind diese Fundstücke für sie nicht stumm. So wie der Alte es gehalten hatte, bewachten sie die Pyramiden, denn sie finden: Zuviel wurde schon zerstört. Einst gab es Malereien an den Heiligtümern. Es gibt sie nicht mehr.

Was immer sich für Huaqueros als verwendbar oder auch als Hindernis erwies – es mußte weg. Neben dem Eingang der Goldmondhöhle in der Huarocondaschlucht befand sich eine Tür, die sich nicht öffnen ließ. Sie war aus dem gewachsenen Fels gehauen, so meisterhaft, als wäre sie aus Erz gegossen – eine Tür für Götter, für die der Fels kein Hindernis bedeutet. Die Schatzgräber verdächtigten die Tür: Sie will uns täuschen. Mit Dynamit sprengten sie eine Ecke ab. Nun klaffte ihnen purer Fels entgegen, in dem nicht eine Spalte tiefer führte. Es gab hier kein Versteck.

Die Huaqueros zogen erbittert ab — um anderswo den nächsten Einbruch zu versuchen. Sie träumten alle von dem unentdeckten großen goldenen Fisch — seit jenem Jahr, in dem der eine große goldene Fisch ans Licht kam: aus der Huaca de Toledo, einer zerfallenen Pyramide, deren indianischer Name längst vergessen ist. Aus ihr holten die Schatzsucher Millionenwerte. Nicht weit davon erwühlten andere Plünderer Gold und Silber, zusammen rund eintausendvierhundert Kilogramm. Etwa doppelt so wertvoll war die Beute, die ein gewisser Escobar Corchuelo und seine Spießgesellen aus einen Tempel des Mochetales holten, ›ohne das, was sie verschwiegen‹. Die frühen Huaqueros suchten nicht bei Nacht, sie traten offen auf, sie prahlten mit dem, was in ihre Hand fiel; ein Fünftel schickten sie dem spanischen König.

Den tollsten Einbruch leistete sich der spanische Hauptmann Montalva mit einigen Helfershelfern, als sie die ›Sonnenpyramide‹ im Mochetal angriffen. Die Pyramide stand auf einer zwanzig Meter hohen Plattform, ein festgefügter Bau, die mächtigste der Küstenpyramiden. Als sich erwiesen hatte, daß mit Menschenhand recht wenig auszurichten war, beschloß Montalva, den Mochefluß gegen das Fundament zu leiten. Indianer gruben ihm ein neues Bett. Von schwerem Regen im Gebirge angeschwollen, wühlte er eine Bresche in den Pyramidenmantel. An einigen Stellen gab die Pyramide nach, die steilen Wände stürzten ein, und aus dem Schuttberg holten sich die Räuber, was nicht ihr Helfer fortgerissen hatte, besonders große Platten aus Gold und Kupfer, auch Goldgerät und eine Goldfigur, ›vom Gürtel eine Elle hoch, gekleidet wie ein Bischof‹.

Die ›Mondpyramide‹ wurde erstaunlicherweise damals nicht erbrochen. Viel später barg aus ihr ein Archäologe, Pio Portugal, einen beträchtlichen Schatz: Brustschmuck, Gewandnadeln, Halsketten, Glöckchen, Speerschleudern und Flöten, Fuchsmasken, Diademe. Ohne Zweifel stellt dieser Fund nur einen Bruchteil dessen dar, was Könige und Fürsten einst der Pyramide übergeben hatten. Das meiste davon ist noch nicht wieder aufgefunden.

In jener ersten Plündererzeit, da niemand mehr die Heiligtümer schützte, erboten sich indianische Fürsten, denen das Elend ihres Volkes an das Herz griff, Verstecke preiszugeben — gegen

Gesprengte Scheintür, Goldmondhöhle

das Versprechen, den Hungernden dafür zu geben, was sie brauchten. Im Jahre 1550 führte ein getaufter Fürst spanische Hauptleute zur Huaca Llomayhuan; die Spanier nahmen mit, was da an Schätzen zu holen war. Sie ließen nichts zurück als ihr Versprechen. Erst einige Jahre später, als ihre Gier nach weiterem Gold erwachte, schrieben sie 4200 spanische Taler den Indianern gut. Doch nun verriet der Fürst nichts mehr. Da er nicht in der Lage war, für die versteckten Schätze selber etwas einzutauschen, das Lebende am Leben halten konnte, ließ er den Toten, was den Toten mitgegeben war.

Der Chimuhäuptling Sachas Huaman übergab dem Statthalter von Trujillo Gegenstände von unschätzbarem Wert, darunter Perlendiademe, Kissen, von Perlen übersät, Sessel, von deren Lehnen Perlenquasten hingen, goldene Ketten, Ohrpflöcke, Sandalen, Helme. Die Gabe wurde lächelnd hingenommen; das Lächeln schwand, sobald der Häuptling in bewegten Worten die Not der Indianer zu schildern anfing. Der Statthalter versprach Abhilfe, dabei blieb es.

Wir wissen nur von einem einzigen Spanier jener Zeit, der sich nicht blenden ließ vom Gold. Der königliche Abgesandte Gasca, der nach Peru kam, um Rebellen zu bestrafen, kehrte nach

Spanien heim mit leeren Händen. Ihm trug man Gold bis auf sein Schiff nach — er verschenkte alles.

Alle andern griffen gierig zu. Als die Eroberer ins Inkaland einbrachen, war dort kein Gold versteckt. Niemandem war erlaubt, Gold zu besitzen, außer dem Inka, und auch ihm nur, weil er für den Gott regierte, der in der Sonne täglich seine Bahn zieht. Einem der Spanier, die mit Pizarro gekommen waren, dem Ritter Sierra de Leguizamo, fiel in der Inkahauptstadt eine goldene Scheibe zu, die größer als ein Wagenrad war, eine Sonne. Die Sieger, von der beispiellosen Beute außer sich, blieben die ganze Nacht beim Würfelspiel. Dabei setzte Sierra seine Sonne. Die Würfel fielen, er verlor. Noch eh die Sonne aufging, hatte er seine Sonne verspielt.

Der Spanier trug den Verlust mit Fassung. Es waren nur ein paar hundert Abenteurer, denen das reichste Land der Erde zugefallen war. Im Handstreich hatten sie ein Reich genommen, so groß wie halb Europa. Sie hatten von Peru gehört, von seinem Gold; sie fuhren hin und nahmen es so selbstverständlich in Besitz, als wäre dieses Land für sie erschaffen worden.

Unverwischbar sind ihre Spuren in die peruanische Erde eingedrückt. Manche Spur läßt sich vom ersten bis zum letzten Schritt verfolgen — auch die des Jüngsten unter ihnen. Er sah das große Abenteuer nicht mit spanischen Augen, obgleich er einen spanischen Namen hatte: Felipillo. Die andern nannten ihn Lenquilla, ›Zünglein‹, und als dem Inka seine Stunde schlug, da wurde er zum Zünglein an der Waage.

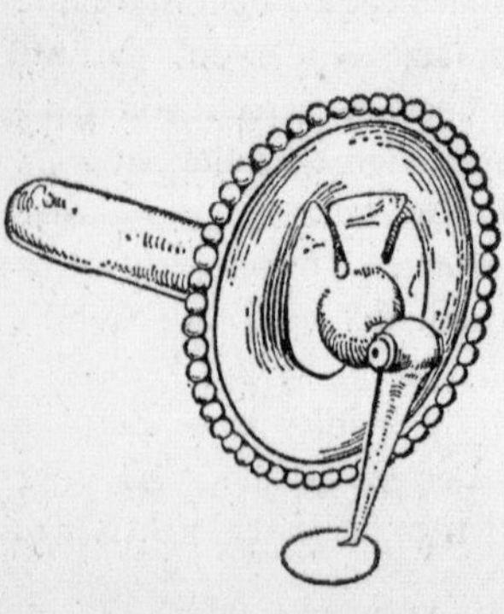

Goldener Ohrpflock, Nordküste

Felipillos Geschichte

Ich kam mit ihnen. Von Anfang an war ich dabei, als die Spanier Peru eroberten. Ich half Pizarro, daß der Sieg ihm zufiel, nicht dem Inka Atahualpa. Vielleicht tat ich, der keine Waffe trug, mehr dazu als so mancher Reiter und gewöhnliche Soldat; denn eines hatte ich allen Spaniern voraus: Ich war vor ihnen in Peru gewesen. Wer ich bin? Ein junger Indianer. Mein indianischer Name? Ihn habe ich abgestreift wie eine Schlange ihre überfällige Haut. Ich schlüpfte in den neuen Namen, den mir die Spanier gaben, als sie mich tauften. Damals war ich dreizehn Jahre. Seit jenem Tage hieß ich Felipillo. Pizarros Feldkaplan Valverde hat mich getauft. Auch er trug viel zum Sturz des letzten Inka bei; in einer Hand hielt er das Kreuz und in der anderen das Buch, das sie die Bibel nennen. Doch erst muß ich von mir erzählen: wie Felipillo aus mir wurde. Ich war mit Handelsleuten unterwegs. Sie hatten mich auf ihre weite Reise mitgenommen, weil ich mich eifrig zeigte und weil niemand mich zurückhielt; Eltern hatte ich nicht mehr.

Wir fuhren auf einem Balsafloß: zwei Kaufleute mit schönen Kleidern, außerdem zehn Männer und vier Frauen und ich. Und viele Waren – Gewebe, auch Gerät aus Gold und Silber, Waagen mit geschnitzten Balken, von deren Enden Netze hingen, und viel anderes. Es war ein Floß mit einem Segel, breiter als das Floß. Wir kamen gut voran. Am Morgen ging die Sonne aus der Küste auf, und abends sank sie in das Meer. Wir fuhren nordwärts, wie ich später von den Spaniern lernte. Es war am dreizehnten Tage, daß wir sie trafen. Zuerst erblickten wir ein Segel, dann ein großes Haus, das auf dem Meer daherkam. Später erfuhr ich, daß ein Haus mit Segeln Schiff heißt. Das Schiff kam auf uns zu.

Wir sahen an dem Schiff hinauf und sahen vor dem Himmel Männer, die hellere Gesichter als wir hatten. Sie hatten einen Bart wie Viracocha, der alte Gott. Wir alle hielten sie zuerst für Götter oder Göttersöhne; denn der bärtige Gott war einst, so hatten wir gelernt, davongezogen übers Meer mit dem Versprechen, zurückzukehren, wenn es Zeit dafür sei. Nun ist die Zeit gekommen, dachten wir und fürchteten uns. Die Göttersöhne aber waren freundlich. Sie stiegen zu uns nieder auf das Floß und sahen alles an, was wir mithatten, auch uns, vor allem aber alles, was aus Gold war. Sie sagten etwas, das wir nicht verstanden. Wir wagten schließlich, sie zu fragen, ob sie Söhne Viracochas seien. Da lachten sie, denn sie verstanden nichts. Dann holten sie zwei Indianer – von ihrem Schiff. Und einiges von dem, was diese beiden sagten, verstanden wir. Sie sagten: Diese weißen Männer kommen von weit her. Sie sind sehr mächtig, aus ihren Händen können Blitze kommen. Wir alle waren nun ganz sicher,

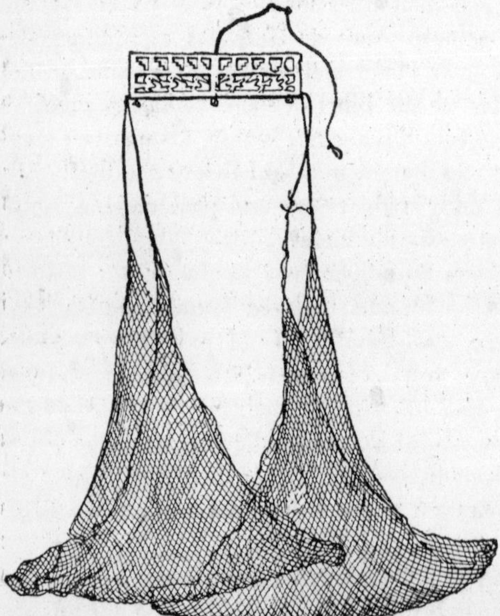

Waage mit Netzen, Nordküste

daß sie Götter seien. Die Kaufleute boten ihnen Gold und Kleider an, die Bärtigen nahmen die Geschenke. Es kam kein Blitz aus ihrer Hand hervor. Ich aber sah nichts anderes mehr als sie. Da fragten mich die beiden Indianer: Willst du mit auf das Schiff? Ich stieg die Leiter, die sie ausgeworfen hatten, wie im Traum hinauf. Und oben ließ der Bärtige, der auf dem Schiff der Höchste war, mich fragen, ob ich bei ihnen bleiben wollte. Mit Göttern zu fahren schien mir besser als mit Kaufleuten. So blieb ich auf dem Schiff. Es war viel rascher als das Floß. Von ihm war bald nichts mehr zu sehen.

Der höchste Bärtige auf dem Schiff hieß Ruiz. Ich lernte, wie die andern Bärtigen hießen. Auch die zwei Indianer hatten spanische Namen. Und dann bekam ich selber einen – Felipillo. Das war auf der Hahneninsel. Dort waren viel mehr Bärtige als auf dem Schiff und auch der Feldkaplan Valverde. Er taufte mich. Vor allem war dort jener, dem die anderen gehorchten: Francisco Pizarro.

Er hatte über Menschen große Macht, und es gab nichts, das ihn abhalten konnte, seine Pläne auszuführen. Das habe ich gesehen. Auf der Hahneninsel lebten die Bärtigen nicht wie Götter. Es stand dort schlecht um sie. Sie hungerten, und viele waren krank. Es gab Streit zwischen ihnen, besonders zwischen Pizarro und einem, der nur ein Auge hatte und Almagro hieß; der wiegelte die andern auf, Pizarro zu verlassen. Da zog Pizarro seinen Degen und machte mit ihm einen Strich. Dann sagte er: Wer nicht aufgeben will wie ich, der soll auf meine Seite kommen. – Dreizehn, darunter Ruiz, traten zu Pizarro. Die anderen fuhren von der Insel fort nach Panama, von woher sie mit ihrem Schiff gekommen waren. Auch ich blieb bei Pizarro, aber damals zählte ich noch nicht, weil ich noch nicht genügend Spanisch konnte. Das eine aber hatte ich von Anfang an begriffen: daß da ein Mann war, der nichts für unmöglich hielt. Er harrte aus auf einer Insel, auf der es außer Fels und ein paar Bäumen und Wasser nichts als Hasen und Vögel gab. Nach einigen Monaten sahen wir alle wie Gespenster aus. Nur einer nicht: Pizarro. In seinen Augen brannte nicht der Hunger, sondern ein Feuer, das uns am Leben hielt.

Ich lernte nach und nach verstehen, was die vierzehn Männer sprachen. Nun hörte ich, daß Pizarro und Almagro es vor zwei Jahren schon versucht hatten, bis nach Peru zu kommen. Der erste Vorstoß war in Urwäldern, Morästen, Hunger, Regen und in Schlamm erstickt. An manchem Tag hatte es nur zwei Kolben Mais für jeden Mann gegeben. Mit Wurzeln, wilden Kräutern hatten sie ihr Leben gefristet, von Giftpfeilen und Schlangen, Raubkatzen und Vampiren bedroht, unter Wolken von Moskitos. Von hundertfünfzig Mann waren nur fünfzig nach Panama zurückgekommen, Pizarro siebenmal verwundet, Almagro einäugig. Das hatte sie nicht davon abgehalten, es ein zweites Mal zu wagen. Und nun hofften ›die vierzehn von der Hahneninsel‹ auf ein Schiff, das sie nach Süden bringen sollte — dorthin, woher ich kam. Wir mußten mehr als zwanzig Wochen warten.

Ich lernte ihre Sprache, und sie nannten mich Lenquilla, ›Zünglein‹, weil ich das Spanische rasch begriff. Bald konnte ich drei Sprachen: meine Sprache, die Spaniersprache und die Inkasprache, denn auch sie hatte ich erst lernen müssen. Erst zu der Zeit, in der mein Vater so alt gewesen war wie ich, war über uns ein Inkaheer gekommen. Von diesem Tag an mußte unser Volk die Inkasprache lernen und anders leben als bisher, und unser Fürst war nun ein Curaca des Inka und mußte tun, was ihm der Inka sagte. Keiner war mächtiger als der Inka — so hatten wir geglaubt. Seit ich den Bärtigen begegnet war, dachte ich anders. Sie waren stärker als der Inka, unbesiegbar.

Die Hahneninsel wurde für sie eine Hölle. Sie aber hielten in der Hölle aus, und endlich kam das Schiff. Nun fuhren wir zu meiner Stadt, nach Tumbez. Und ich war nun kein Niemand mehr, ich war der Dolmetscher Pizarros.

Tumbez liegt an dem Fluß, der wie die Stadt heißt. Sie liegt in Feldern und in Gärten, eine schöne Stadt. In großer Ferne glänzen weiße Berge. Die Spanier warfen Anker und blickten zur Stadt hinüber wie zu einem Paradies. Eine Flotte von Balsaflößen kam entgegen — mit goldenen Masken an den Mastspitzen und breiten Segeln. Ich konnte den Bärtigen erklären, was da vorging: Tumbez-Krieger liefen zu einer Kriegsfahrt gegen die Insel Puna aus. Die Flöße kamen an das Schiff heran. Ich rief den

Bärtiger Gott,
Mochica-Gefäß

Kriegern zu, daß da nicht Feinde kämen, sondern Göttersöhne. Sie waren so verwirrt, daß sie die Waffen niederlegten. Schließlich war unser Schiff umringt von Flößen. Die Tumbez-Krieger blickten zu uns auf. Nun sahen *sie* die weißen Männer vor dem Himmel. Ich sagte, daß die Bärtigen es aus ihren Händen blitzen lassen könnten. Pizarro lud die Anführer ein, auf das Schiff zu kommen. Da sahen sie, daß er ein freundlicher Gott war, ließen von ihrem Kriegszug ab und kehrten in die Stadt zurück. Auf andern Flößen kamen Abgesandte des Curaca zum Schiff herauf. Sie brachten Mais, Bananen, Ananas, Kartoffeln, Lamas, Fische, Wild und eine Einladung des Curaca, ihn zu besuchen. Lamas hatten die Spanier noch nicht gesehen; einer stieß ein Lama an und wurde von ihm angespuckt.

Am nächsten Morgen ließ Pizarro einen Spanier und einen Neger, der mit dem Schiff von Panama gekommen war, zur Stadt hinüberrudern und auch mich. Als Gegengabe für den Curaca hatte der Spanier ein Schwein dabei, der Neger einen Hahn. Das Ufer war von vielen Menschen dunkel. Sie konnten sich nicht fassen vor Verwundern. Als ich ihnen versichert hatte, daß der Weiße ein freundlicher Gott sei, berührten sie ehrfürchtig seinen Bart. Aus dem Gesicht des Negers aber suchten sie das Schwarze wegzuwischen. Der Neger lachte, seine weißen Zähne blitzten. Und plötzlich schlug der Hahn mit seinen Flügeln und fing zu krähen an. Da wurde ich von allen Seiten gefragt, was er gesprochen habe. Von vielem Volk begleitet, zog der Spanier mit dem Neger, mit Hahn und Schwein und mit mir zum Curaca. Und nun war das Verwundern auf des Spaniers Seite. Er staunte über die Wohnhäuser, die wie Burgen waren, über die Tempel und die große Festung. Als er von Türstehern in den Palast des Curaca geleitet wurde, mit Neger, Schwein und Hahn und mir, da glänzten von den Wänden Gold und Silber, und ich sah ein begieriges Funkeln in des Spaniers Augen. Der Curaca bewirtete seinen Gast und gab Geschenke mit.

Am Tag darauf schickte Pizarro einen Ritter in die Stadt. Er kam in einer Rüstung, die im Sonnenglanz zu Feuer wurde. Illa-Ticsi! Der Blitz-Gott! riefen alle, die den Ritter sahen. Als er von mir erfahren hatte, was sie riefen, ließ er an eine Mauer einen Balken stellen und schoß darauf mit seiner Büchse. Der Balken splitterte, das Volk schrie wieder Illa-Ticsi! Nun hatte es gesehen, wie ein Blitz aus seinen Händen hervorgesprungen war. Der Ritter sah die Stadt genau an. Er bemerkte, daß die Festung dreifache Mauern hatte, aufgebaut aus Steinen, von denen mancher höher war als er. Er trat ins Innere des Tempels und erblickte sehr viel Gold. Zufrieden kehrte er aufs Schiff zurück.

Am dritten Tage kam Pizarro in die Stadt. Auf ihn wartete im Haus des Curaca ein Inkafürst. Er hatte an den Ohren goldene Scheiben, die Ohren waren von den Scheiben langgezogen. Es war ein Orejon, ein Großohr, wie die Spanier sagen. Pizarro gab ihm für den Inka ein Geschenk mit: ein eisernes Beil. Der Orejon sah es betroffen an, denn Eisen hatte er noch nie gesehen. Der Curaca gab für die Spanier ein Fest. Zwei Spanier ließen sich dazu verführen, nicht auf das Schiff zurückzukehren. Sie wollten warten, bis Pizarro zum zweiten Male käme. Denn das hatte

Pizarro vor, und er war einverstanden, daß die zwei im Lande blieben.

Auf der Rückfahrt nach Panama war Pizarro Gast bei einer Fürstin, die Geiseln stellte, ehe sie die Spanier einlud. Sie selbst bediente ihren Gast, und als Pizarro Trompeten blasen, Trommeln schlagen und die spanische Fahne hissen ließ, war ihre Freude groß. Sie wußte nicht, was das bedeutete. Und als Pizarro ihr erklärte, daß künftig nicht der Inka, sondern der spanische König ihr Gebieter sei, da übersetzte ich: Die weißen Männer kommen aus einer andern Welt, und sie sind deine Freunde. Die Fürstin war zufrieden, auch Pizarro.

Er wußte nun genug: Wenn schon in Tumbez so viel Gold zu finden war, wieviel mußte erst dort sein, wo der Inka seine Hauptstadt hatte! Er hatte nun erfahren, daß das Inkareich viel größer war als Spanien. Pizarro war entschlossen, dieses Reich dem Inka zu entreißen – das merkte ich aus allem, was er nun tat. Kaum zurückgekehrt nach Panama, fuhr er nach Spanien, und mich nahm er mit. Er hatte Briefe an den König vorausgeschickt, auch Geschenke – zu seinem Glück; denn kaum war er auf spanischem Boden, wurde er wegen einer alten Schuld ver-

Musikanten in Festtracht, Mochica-Malerei

haftet. Ich sah, wie man ihn in den Schuldturm führte. Und nun erfuhr ich einiges über ihn, das ich noch nicht gewußt hatte. Er war der Sohn eines Soldaten, der es zum Obersten gebracht, sich aber nie um seinen Sohn gekümmert hatte, auch nicht um seine andern Söhne. Francisco war als Sauhirt aufgewachsen. Dann war auch er Soldat geworden, hatte Schulden gemacht und war schließlich nach Panama entkommen. Nun war er wegen seiner Schulden eingesperrt. Der König ließ ihn aus dem Schuldturm holen und gab ihm alles, was er für sein Vorhaben nötig hatte: Titel, ein paar Schiffe, vor allem eine Vollmacht, das Reich des Inka für den König zu erobern und für den wahren Gott, an den die Spanier glauben. Von all dem Gold, das in Peru auf die Eroberer wartete, wollte der König nur ein Fünftel haben. Pizarro wurde zum Statthalter von Peru ernannt, von dem noch nicht ein Dorf erobert war. In aller Eile segelte er zurück nach Panama. Er nahm vier seiner Brüder mit in die Neue Welt. Und zu Beginn des Jahres 1531 brach er zum dritten Male nach Süden auf. Er landete auf halbem Wege nach Tumbez an einer Küste, an der keine Städte waren, nur Urwalddörfer. In diese Dörfer brachen die Spanier ein und erbeuteten Smaragde, groß wie Taubeneier, von denen sie manche mit Eisenhämmern auseinanderschlugen, um sie auf ihre Echtheit hin zu untersuchen. Ein halbes Jahr hielt sie der Dschungel fest. Sie hungerten wie auf der Hahneninsel. Pizarro hatte ein Schiff mit Beute nach Panama geschickt. Nach Wochen kam das Schiff mit Vorräten zurück. Es brachte auch Verstärkung, angeführt von Hernando de Soto, auf den Pizarro sich verlassen konnte. Nun setzten wir die Fahrt nach Tumbez fort.

Ich habe meine Stadt nicht mehr erkannt. Wo einmal Häuser gewesen waren, standen Mauerreste. Nur die Festung war unversehrt. Krieger von der Insel Puna hatten die Stadt zerstört. Wieder kamen Flöße aus dem Hafen, wieder lud Pizarro die Anführer an Bord, bewirtete sie, und sie erboten sich, die Spanier an Land zu bringen. Doch als die Spanier, verteilt in kleine Gruppen, auf den Flößen waren, griffen die Indianer zu den Waffen. Es gab auf beiden Seiten Tote – bei den Indianern viele, weil nun die Spanier, erbittert über so viel Tücke, wie Rasende kämpf-

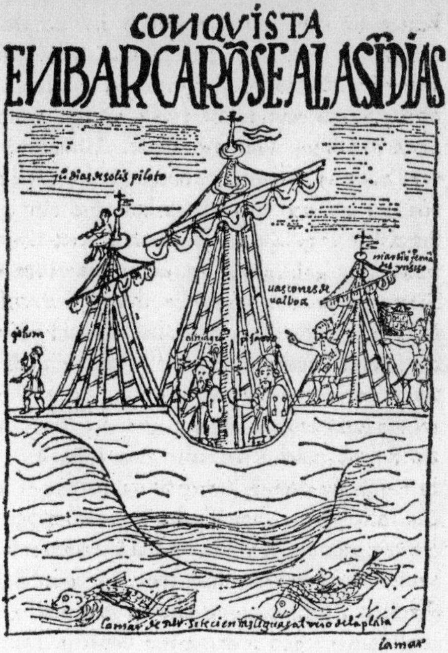

Die Eroberer auf dem Wege (aus dem Buch von Poma de Ayala)

ten und mit besseren Waffen. In der zerstörten Stadt fand sich nach einiger Zeit der Curaca ein, den die Puna-Krieger vertrieben hatten. Von ihm erfuhr Pizarro, daß die beiden Spanier, die in Tumbez geblieben waren, ins Innere des Landes verschleppt worden seien: auf Befehl des Inka Atahualpa.

Wir werden alles tun, um sie zu finden, versicherte Pizarro, und dann schwieg er lange. Denn nun gab es sehr große Neuigkeiten. Pizarro ließ den Curaca nicht aus den Augen, auch mich nicht, wenn ich übersetzte. Der Curaca berichtete: Der Inka Huayna Capac, der auch das Volk von Tumbez unterwarf, ist tot. Er starb in Quito, dem Königreich, das er erobert hatte. Vorher berief er seinen Sohn Huascar nach Quito, um ihm das Inkareich zu übergeben – doch nicht das ganze Reich. Quito und einige andere Länder gab er Atahualpa, dem Sohn, den ihm eine

Prinzessin in Quito geboren hatte. Du mußt wissen, was Atahualpa heißt, weil er seinem Namen in den letzten Jahren alle Ehre machte, sagte der Curaca. Atahualpa heißt ›mannhafter Hahn‹. Zunächst blieb er in Quito, während Huascar in der alten Inkahauptstadt residierte. Allmählich aber wurde der Haß der Brüder aufeinander so grenzenlos, daß jeder schwor, er werde aus des andern Schädel trinken. Sie gingen aufeinander los mit ihren Heeren. Zuerst hatte Huascar Glück: Atahualpa fiel in seine Hand. Doch er entkam mit Hilfe seiner Frauen — ›als Schlange‹, so ließ er im Land erzählen, und seitdem ist er noch viel mehr gefürchtet. Er hatte für sein Heer Anführer, die schon für seinen Vater viel erobert hatten. Und diese Anführer schlugen Huascars Heer am Totenberg bei Cuzco. Dort stellten sie ihm eine Falle, Huascar ging hinein, und er entkam nicht mehr. Atahualpa, der Rebell, machte sich nun zum Inka. Er nahm furchtbare Rache an Huascar: dessen ganze Sippe rottete er aus, und der Gestürzte mußte zusehen, angepflockt, mit aufgesperrten Augen. Mädchen, die mit grünen Zweigen in den Händen um das Leben ihrer Väter flehten, fanden kein Erbarmen. Huascar flehte Viracocha an, den bärtigen Gott, er möge ihn an Atahualpa rächen... Der Curaca von Tumbez sah Pizarro ins Gesicht. Dann sagte er: Und nun seid ihr gekommen, um Gericht zu halten.

Pizarro sagte nichts. Für ein paar Augenblicke waren seine Augen leer, weil zuviel in ihm vorging. Dann brach aus ihnen jenes Feuer, das auf der Hahneninsel die dreizehn erfaßt hat, die bei ihm aushielten, auch mich. Nun riß er uns mit diesem Feuer in das große Wagnis. Am vierundzwanzigsten September brach er mit hundertachtundsechzig Mann und dreiundsechzig Pferden dorthin auf, wo Atahualpa war, nach Cajamarca, einer Stadt im Hochland, bei der es heiße Quellen gab. Die Stämme, deren Gebiete wir durchzogen, waren noch nicht lange vom Inka unterworfen. Auch für sie waren diese Bärtigen Viracocha-Söhne, die kamen, um Atahualpa zu strafen. Mancher Indianerhaufe schloß sich dem Zuge an. Wir zogen auf der Straße, die nach Cuzco führt. Sie war gepflastert und in Wüstengegenden mit Mauern eingefaßt. An dieser Straße gab es Vorratshäuser. In ihnen fanden die Spanier alles, was sie brauchten. Sie staunten, wie gut

Sinnbilder für Rast- und Vorratshäuser (aus Poma de Ayala)

alles angelegt war, wie gut der Inka vorgesorgt hatte – auch für sie. Nach neun Tagen wurde der Weg beschwerlich. Dort, wo ein Berg war, wurde aus der Straße eine Treppe. Schluchten waren von Hängebrücken überspannt – ich sah Pizarros Männer auf allen vieren kriechen.

In die Abgründe, über denen die Straße hing, blickten die Spanier voll Grauen. Kein Zurück mehr, dachten alle, nicht nur Pizarro. Auch ich dachte so, denn ich war nun einer von ihnen, einer, der gegen Atahualpa zog. Ich suchte heimlich die Felshänge ab, ob sie nicht auf uns niederbrechen würden; ich wußte, daß der Inka mächtig war. Doch war der Weg von Hinterhalten frei. Es kam kein Inkaheer entgegen, um uns aufzuhalten. Atahualpa schickte Abgesandte. Die ersten brachten Leckerbissen, wie der Inka sie verzehrt, und Kleider, goldbestickt. Die zweiten brachten kleine Festungen, aus Stein gemacht: Solche erwarten euch ... Pizarro nahm die Festungen wie Spielzeug. Er nahm die Einladung des Inka nach Cajamarca lächelnd an. Dem Inka ließ er eine kleine Kette überbringen.

Sechs Tage später war der Gebirgszug überstiegen. Cajamarca lag vor uns, die Stadt, und drüber eine Festung. Nichts regte sich in ihr. Die Stadt war leer. Die Höhen rings um Cajamarca aber wimmelten von Leben. Es sah so aus, als seien alle Hänge von riesigen Flocken überschneit. Dort hatten Atahualpas Krieger ihre Zelte aufgeschlagen – ein Heer von vielen Tausenden. Pizarro mahnte seine hundertachtundsechzig, aus ihren Herzen alle Furcht wie Unkraut auszureißen, damit dort Platz sei für das Licht der Wahrheit und für den Sieg. – Dann rückten wir in

Cajamarca ein, das Atahualpa hatte räumen lassen. Die Häuser waren stumm, auch alle Straßen und die Plätze. Die Spanier spähten in die Häuser. Sie waren offen, leer – wie eine Falle. Und hinter uns lag das Gebirge – ein Riegel, der nicht zu verschieben war. Niemand war da, der sagte: Seid willkommen! Pizarro aber ließ sich nicht beirren. Er schickte Hernando de Soto und mich mit einigen Reitern in das Inkalager. Er selber stieg auf einen Turm, um zu verfolgen, wie es uns ergehen werde. Es fing zu regnen an. Wir ritten auf die weißen Flocken los. Tausende von Kriegern ließen eine breite Gasse offen, Krieger in Baumwollpanzern, mit Schilden, Keulen, Bronzeäxten, mit steinernen Gesichtern. Am Ende der unheimlichen Gasse tat sich ein weiter Platz auf, von Kriegermauern eingefaßt. In seiner Mitte saß der Inka auf goldenem Sitz, umringt von Würdenträgern und von seinen Frauen. Um seine Stirn trug er die rote Borla, das Zeichen seiner Macht, und darüber funkelte ein Diadem aus Gold, Diamanten und Rubinen, von Federn überweht. An seinem Hals hing eine Kette von Smaragden, von denen jeder größer als ein Fingerglied war. Auf seiner Brust war eine große Sonne. Von Gold durchwirkt war sein Gewand. Der Inka war in Gold gefaßt.

Hernando de Soto überbrachte Pizarros Botschaft. Der Inka hob nicht einmal seinen Blick. Da kam ein zweiter Trupp spanischer Reiter, an ihrer Spitze Hernando Pizarro. Sobald der Inka hörte, daß Pizarros Bruder gekommen sei, blickte er auf. Nun sah er auch de Soto an. Und es war keine Feindschaft in seinem Blick. Er suchte Freunde in den beiden Spaniern, und er fand sie. Die beiden blieben seine Freunde bis zum Tod.

Der Inka sprach mit ihnen und ließ sie bewirten. Mädchen, schön wie die Sonne, boten Chicha zu trinken an – in goldenen Bechern. Der Inka bewunderte das Pferd de Sotos. Da stieg de Soto auf sein Pferd und hielt den Inka und das Inkaheer in Atem. Zuletzt flog er auf Atahualpa zu und riß das Pferd im letzten Augenblick hoch, daß es auf seinen Hinterhufen stand. Schaumfetzen sprühten auf die Sonne, die der Inka auf der Brust trug. Im Inka-Antlitz zuckte keine Faser. Einige Krieger, die zurückgewichen waren, mußten am gleichen Tage, wie wir später vom Inka selber hörten, für ihre Unbeherrschtheit mit dem Tode büßen. Als wir fortritten, hatten wir das Wort des Inka, daß er am folgenden Tag nach Cajamarca kommen werde – mit seinem Heer.

Die Nacht brach an. Es wurde kalt. Dort, wo am Tag die riesigen Schneeflocken gewesen waren, war nun ein roter Flecken dicht am andern. Und später waren auch in unserm Rücken Lagerfeuer. Der Inka hatte uns in einen Feuerring geschlossen. In dieser Nacht schlief keiner der einhundertachtundsechzig. Am Morgen las Valverde eine Messe. Pizarro stellte Reiter und gewöhnliche Soldaten so auf, daß ein Entkommen ausgeschlossen war: für alle, die den Platz betreten würden. Den Pferden wurden Schellen umgebunden, um sie noch furchterregender zu machen. Pedro de Candia stand hinter seiner Kanone oben bei der Festung. Alles war zum großen Schlag bereit.

Der Inka kam nicht. Zelte und Wachtfeuer waren zwar verschwunden, an allen Hängen glühten breite Streifen aus rotem Ton, doch stand die Sonne schon sehr hoch am Himmel, als sich das Heer des Inka in Bewegung setzte. Wir sahen es anrücken, fünf Stunden lang: wie eine Flut, die keine Eile hat. Vor Cajamarca kam das Heer zum Stehen. Pizarro forderte den Inka auf zu kommen. Da zog Atahualpa auf den großen Platz, begleitet von fünftausend Mann. Dreihundert Indianer säuberten den Weg. Dann kamen Sänger, Tänzerchöre, Würdenträger und

Inka-Becher, Kero

schließlich, von der Leibwache umringt, in goldener Sänfte Atahualpa, von einem kostbaren Gewebe überdacht, von Edelsteinen funkelnd. Und um ihn Tausende mit Speeren, Keulen, Schwertern und mit Stangen, von denen Schleuderkugeln hingen.

Pedro de Candia starrte von seiner Feldschlange hinunter auf die Übermacht, die Reiter von den Pferden, die sie mit Mühe ruhig halten konnten. Einige der Spanier waren so erregt, daß sie die Hosen näßten, ohne es zu merken. Die Chöre hörten auf mit ihren Liedern, auf einen Wink Atahualpas standen die Tänzer bewegungslos. Es wurde auf dem Platz so still, als sei der Tod dazugetreten.

Da trat Valverde vor, der Feldkaplan, mit ihm der Hauptmann Aldana und ich. So hatte es Pizarro vorgesehen. Valverde hielt dem Inka eine Predigt, in der er sagte, daß der Gott der Spanier der einzige wahre Gott sei, ein Drei-Götter-Gott, und da der spanische König von diesem Gott auf Erden eingesetzt sei, sei dieser König auch der Herr des Inka. Ich übersetzte diese Worte, die für mich schwer zu verstehen waren, so gut ich konnte. Der Inka schüttelte den Kopf. Da gab Valverde ihm das Buch, das Bibel heißt. Der Inka hielt die Bibel an sein Ohr. – Es redet nicht, so sagte er, und ließ es fallen. Dann fing er an, sich zu beklagen: Die Spanier seien mit Gewalt gekommen und hätten Häuser ausgeraubt. Aldana forderte den Inka auf, nichts Unnützes zu reden, sondern dem König Spaniens nun sein Reich zu übergeben. Da verlangte Atahualpa das Schwert zu sehen, das Aldana hatte. Aldana zog sein Schwert und hielt es Atahualpa hin — die bloße Klinge. Der Inka faßte das scharfe Eisen an und stieß es weg. Er fing zu bluten an. Da schrie Pizarro: Santiago und auf sie! — Pedro de Candia feuerte seine Kanone ab. Die Reiter und Soldaten brachen aus dem Hinterhalt. Der Inka und die Inkakrieger waren derart starr, als habe sie Pizarros Schrei in Stein verwandelt. Zum zweiten Male erschien Pizarro mir als Gott, der alles kann. Der Inka hatte keine Stimme mehr. Wie Vieh wurden die Sänftenträger abgeschlachtet. Ein Spanier schleuderte seinen Dolch gegen den Inka. Pizarro fing die Waffe mit dem Arm auf, er empfing die einzige Wunde, die an diesem Tag ein Spanier davontrug. Nach einer halben Stunde waren alle Inkakrieger, die

Valverde liest Atahualpa aus der Bibel vor; rechts Felipillo (aus Poma de Ayala)

mit dem Inka eingezogen waren, tot. Atahualpa war gefangen wie sein Bruder Huascar, dem er die Macht entrissen hatte. Nun war er selber einem Sieger ausgeliefert.

Der große Platz war rot von Blut. Im Licht der untergehenden Sonne hatten auch die Häuser von Cajamarca und die Hänge ringsum die gleiche Farbe. Pizarro wies dem Inka nun den prächtigsten Palast von Cajamarca an, den Schlangenhof. Atahualpa zog in einen königlichen Kerker: mit Frauen, kostbarem Gerät und edlen Stoffen. Rings um das Haus bezogen Spanier Posten. Diesmal blieb die Verwandlung in eine Schlange aus.

Am Abend speiste Atahualpa mit Pizarro, so wie es vorgesehen war. Auch an den Tagen, die nun kamen, behandelte Pizarro Atahualpa fürstlich. Er lehrte ihn das Schachspiel und den Katechismus. Pizarro sprach von seinem Gott, der, wie der Inka nun gesehen habe, viel stärker sei als Viracocha oder wen es sonst an Göttern in Peru noch gebe. Atahualpa war erzürnt auf seine Götter. Er sagte, einer habe ihn betrogen: Pachacamac, ›dieser Lügner‹, habe ihm orakelt, daß niemand je den Inka Atahualpa überwinden werde. Auch Valverde sprach mit dem Inka viel vom spanischen Gott. Atahualpa aber merkte, daß die Eroberer nicht nur Gott anbeteten, auch Gold. Und da schlug er Pizarro etwas vor: den großen Raum, den er bewohnte, mit Gold anzufüllen, neun Fuß hoch, und zwei anschließende Räume mit Silber – mit Lösegeld für seine Freiheit. Der Inka selbst zog eine Linie an den Wänden. Und der Notar Pizarros setzte sogleich einen Vertrag auf. Zwei Monate bat der Inka sich als Frist aus.

Gold- und Silberbäche fingen an zu fließen. Von überall, besonders aus der Hauptstadt Cuzco, kamen nun Lama- und Trägerkarawanen in Cajamarca an. Selbst hohe Würdenträger brachten Lasten. Barfuß erschienen sie vor Atahualpa und warfen sich vor ihm zu Boden, als wäre er noch immer einziger Herrscher und nicht ein Mann in unsichtbaren Ketten. Es kamen Goldgeräte, sechzig Pfund schwer. Vom Goldglanz wurde das Gesicht des Inka heller. Da ließ Pizarro mich den Inka eines Tages fragen: Wo ist dein Bruder Huascar? – Der Inka log: Er lebt nicht mehr. – Und als Pizarro ihm die Lüge abnahm, da schickte Atahualpa einen Boten nach Xauxa, wo Huascar gefangen war, mit dem Befehl, ihn aus der Welt zu schaffen. Im Flusse Yanamayo hat man ihn ertränkt. Von ihm blieb keine Spur – nur der Bericht kam zu Pizarro.

Die Lüge rettete Atahualpa nicht, auch nicht das Gold, das er Pizarro anbot. Es kam ein ungeheures Lösegeld zusammen: fast eine Million Pesos in Gold, fast fünfzigtausend Marcos Silber. Dazu der Thron von unschätzbarem Wert.

Der Inka forderte nun seine Freiheit. Hernando Pizarro, Hernando de Soto und neun andere traten für ihr ein. Sie wurden fortgeschickt: das Land befinde sich in Aufruhr. Als sie zurückkamen, war Atahualpa tot. Es hatte dem Inka nichts genützt, daß er beteuert hatte: Glaubt ihr, es könne sich ohne meinen Willen eine Hand für euch erheben? In meinem Reich erhebt sich ohne meinen Willen kein Vogel in die Luft, kein Blatt bewegt sich. – Der Inka war verloren, weil die Spanier fürchteten, ein freier Inka würde ihnen alles nehmen, was ihnen ein gefangener Inka gegeben hatte. Sie fürchteten auch für ihr Leben. Hatte nicht Atahualpa seinen eigenen Bruder grausam aus der Welt geschafft? So sprachen sie den letzten Inka schuldig. Sie ließen ihm nur eine Wahl: Tod auf dem Scheiterhaufen, oder, falls er sich taufen ließe, Tod durch das Würgeband. Da ließ sich Atahualpa taufen; denn er wollte nicht vollständig aus dieser Welt verschwinden, sondern wie alle früheren Inka als Mumie weiterherrschen, mit goldener Maske vor dem Antlitz. Pizarro selbst stand bei der Taufe Pate. Er gab dem Inka seinen Namen als Taufgeschenk. Dann stand Francisco Pizarro Francisco Atahualpa bei, bis es mit ihm vorüber war. In Trauerkleidern standen alle Spanier um sein Grab.

Am andern Morgen war der Inka fort. Getreue hatten ihn entführt an eine Stelle, an der ihn nie ein Spanier fand. Seine Frauen waren ihm in den Tod gefolgt. Er residierte nun auf einem Thronsitz, den nur Eingeweihte kannten.

Warum, so wird man fragen, ließ Pizarro Atahualpa richten, da er ihn doch in sicheren Händen hatte? Einen der Gründe kenne ich. Einmal sah sich Pizarro durch den Inka bloßgestellt. Ich war dabei. Der Inka hatte einen der Wachtposten gefragt, ob alle Spanier lesen und schreiben könnten. Da hatte der Soldat den Namen Gottes auf seinen Daumenangel geschrieben, und einer nach dem andern, der hereinkam, las, was auf dem Nagel stand, nur einer nicht, weil er nicht lesen konnte: Pizarro. Das hat er Atahualpa nie verziehen.

Als Atahualpa tot war, zog Pizarro weiter, bis das Herz des Inkareiches vor ihm lag. Am 15. November 1533, genau ein Jahr nach seinem Einzug in Cajamarca, neun Jahre nach dem ersten Vorstoß in das Unbekannte, zogen die Überwinder Atahualpas in die Hauptstadt Cuzco ein. Niemand trat ihnen in den Weg. Niemand hinderte sie daran, die Inkaresidenzen und die Tempel auszuplündern. Becher, Kannen, Goldschüsseln, verziert mit Vögeln, Eidechsen und Hummern, ›wie sie im Meere leben‹, goldene Lamas, goldene Frauen, ›so schön, als seien sie lebendig‹, Goldfriese von den Tempeln – all das wurde zur Beute der Erobe-

Stilisiertes Lama, Inkazeit

rer. Aus dem Haupttempel des Inkareichs, dem Goldhaus, rissen sie siebenhundert Platten aus purem Gold, die Standbilder von Sonne, Mond und Sternen, von Blitz und Donner und die goldenen Throne, die für die Inkamumien dort standen. Beim Goldhaus war ein Terrassengarten angelegt, der für die Spanier das größte aller goldenen Wunder von Peru war. In diesem Garten gab es Blumen, Sträucher, Bäume, Mais und Tabak, Steine und Gräser, Hasen, Vögel, Eidechsen und Schlangen, Lamas, Hirten, Springbrunnen — alles war aus gediegenem Gold gemacht. Ein goldener Garten für den Inka und die Sonne! Nicht ein Maiskolben blieb von diesem Wunder übrig. Von den Wänden der Residenzen verschwanden goldene Eidechsen und Vögel. Cuzco hörte auf, das goldene Herz des Inkareiches zu sein.

In Cajamarca hatten Goldschmiede einen vollen Monat gebraucht, das Lösegeld in Barren zu verwandeln. Jedem Reiter waren 8880 Goldpesos zugefallen, jedem gewöhnlichen Soldaten halb so viel; in Cuzco war die Beute noch beträchtlicher. Die

Spanier überfraßen sich an Gold und wurden davon hungrig. Im ganzen Lande brachen sie die Tempel auf. Von den Grenzen des Inkareiches holten sie die goldenen Stäbe, die dort zur Abwehr böser Geister in der Erde steckten. Da es an Eisen fehlte, um die Pferde zu beschlagen, nahmen sie Silber dazu her. Doch weiß ich, daß ihnen viel Gold entging. Die goldenen Lasten, die nach dem Tode Atahualpas nicht mehr bis Cajamarca kamen, sind von den Spaniern nie gefunden worden. Auch nicht die dreihundert Traglasten Gold, die unterm Schneegipfel des Pachatusan verborgen liegen. Niemals wurde die goldene Kette aufgespürt, die Huayna Capac bei der Geburt Huascars hatte schmieden lassen, eine Zehnmännerlast. Sie liegt in einem Bergsee, der sein Geheimnis nie verraten wird.

Das Gold, das den Conquistadoren in die Hand fiel, brachte ihnen wenig Glück. Für jeden von ihnen kam eine Stunde, in der er Gold verfluchte, als ›Götterdreck, an dem der Tod hängt‹.

Die dreizehn, die über den letzten Inka als Geschworene das Schuldig ausgesprochen hatten, wurden gewaltsam aus der Welt geschafft. Auch der Kaplan Valverde, der Atahualpa vor seinem Tod getauft hat; ihm gossen Indianer flüssiges Gold in seine Augen. Almagro wurde durch Pizarro hingerichtet. Anhänger des Einäugigen ermordeten Pizarro. Und dann kam auch an mich die Reihe. Mich töteten die gleichen, die Pizarro niederstießen. Sie wußten nicht, daß sie Atahualpas Willen an mir vollstreckten. Der Inka hatte von Pizarro meinen Tod verlangt. Ein Blick, von einer seinen Frauen mir zugeworfen, hatte Atahualpas Haß entfacht. Der letzte Inka sah in mir einen Verräter. Er hatte recht. Zu spät erkannte ich, daß diese Bärtigen keine Götter waren. Sie waren Wölfe, die einander an die Kehle gingen – einer des anderen Todfeind wegen einer Handvoll Gold. Es kümmerte sie nicht, daß Gold den Inkavölkern heilig war. In ihrer Gier zerschlugen sie sogar das Bild des Gottes, der alle Sterne und die Menschenwelt gemacht hat.

Ich kam mit ihnen, und ich blieb bei ihnen bis zuletzt. Nun aber weiß ich, daß sie nicht als Abgesandte Viracochas kamen. Sie kamen als Zerstörer eines Sonnenreiches, erbaut von Sonnensöhnen.

Sonnensöhne

Ein paar Jahrzehnte nach der Eroberung von Peru glückte einem Spanier ein außerordentlicher Fund. Der Spanier hieß Polo de Ondegardo. Er war als Richter in Cuzco eingesetzt. Vom Vizekönig von Peru hatte er den Auftrag, zu erforschen, wie die Indianer gelebt hatten, solange die Sonnensöhne noch an der Macht gewesen waren. Ondegardo befragte viele Indianer, auch Abkömmlinge von Inkafamilien. Auf seiner Suche nach Leuten, die ihm Auskunft geben konnten, kam er in viele Häuser, auch in einstige Paläste. Im Stadtviertel Tococache steht ein großes Haus, in dem zu Inkazeiten Mädchen für den Tempeldienst erzogen worden waren. Und dort entdeckte Ondegardo in einem Versteck fünf Mumien, in kostbare Gewänder gehüllt. Drei von ihnen trugen Goldmasken vor ihrem Antlitz, sie trugen um die Stirn die Borla, das rote Königsband, und auch aus anderen Zeichen ging hervor, daß Ondegardo drei Inkamumien gefunden hatte. Nun kamen viele auf dem Platz zusammen, an dem das große Haus liegt. Angehörige des alten Inka-Adels konnten dem Richter sagen, wen er da gefunden hatte: zwei Königinnen und die Inka Viracocha, Tupac Yupanqui und Huayna Capac.

Es waren die Mumien des achten, zehnten und des elften Inka. In tiefem Schweigen stand das Volk und wagte nicht den Blick zu den drei Sonnensöhnen zu erheben.

Auch deren Goldantlitze wurden eingeschmolzen. Die Eroberer pochten auf ihr Siegerrecht. Sie redeten sich ein: Wir kamen als Befreier; diese Inka haben ihre Völker ausgebeutet . . . Nur wenige Spanier gaben zu, daß sie selbst als Zerstörer gekommen waren. Pedro Pizarro, der den letzten Inka in Cajamarca Tag für Tag sah und der in Cuzco viel mit Inkaprinzen zusammenkam, bestätigte, daß die Inka von ihren Völkern für die besten Herrscher angesehen wurden, die es auf Erden geben konnte: Söhne und Statthalter des Sonnengottes.

Später kamen Spanier, die wie der Richter Ondegardo das Land durchzogen und aufschrieben, was sie erfuhren. Es kamen Geistliche, Beamte und Soldaten, auch Seefahrer, die Chroniken verfaßten, in denen sie vom Inkareich erzählen.

Kein anderer hat so eindringlich berichtet wie Cieza de León. Als Fünfzehnjähriger schlug er sich von Spanien nach Peru durch. Er wurde Reiter, kämpfte in Columbien und zog mit jenem einzigen Spanier, der kein Gold für sich nahm, gegen die Eroberer, die vom spanischen König abgefallen waren. ›Oft plagte ich mich, wenn die anderen schliefen, mit dem Schreiben‹, so gesteht Cieza. ›Nicht Krankheit, nicht Erschöpfung, nicht das rauhe Land noch rasender Hunger konnten mich abhalten, der Fahne Spaniens zu folgen und zu schreiben.‹

Und nicht nur Spanier schrieben, es gab auch Chronisten, in deren Adern Inkablut floß. Garcilaso de la Vega wurde wenige Jahre nach dem Einzug der Spanier in Cuzco geboren, als Sohn eines spanischen Obersten und einer Enkelin Huayna Capacs. Das Haus des Vaters stand für Spanier und für den Inka-Adel offen. Mit zwanzig Jahren ging Garcilaso nach Spanien, wo er der ›Inka‹ hieß. Im Alter verfaßte er ein Buch, in dem er die elf Herrscher, die vor Huascar und Atahualpa die Inkawürde innehatten, als wahre Sonnensöhne schilderte. Auch Poma de Ayala, Nachkomme eines Inkafürsten, versuchte sein Volk und dessen Herrscher in ein möglichst helles Licht zu rücken.

Die Sonnensöhne haben ihr Reich in drei Jahrhunderten errichtet. Zweihundert Jahre brauchten sie, um zwischen den andern Hochlandstämmen festen Fuß zu fassen. In nicht ganz hundert Jahren wurde dann von Pachacuti, Tupac Yupanqui und Huayna Capac, den Weltveränderern, ein Imperium so groß wie halb Europa durch Eroberung geschaffen.

Wie aber fing es an? Woher kam jener Stamm der Quechua, der Stamm um Stamm besiegte? Die Inka – woher kamen sie?

Aus einer Höhle, heißt es in den Mythen; oder es heißt da: aus dem mittleren von drei Fenstern. In alter Zeit, so wird erzählt, da alle Sippen noch wie Rudel wilder Tiere lebten, kamen aus jenem Fenster vier Männer und vier Frauen, die sich Geschwister nannten. Die Brüder hießen Manco Capac, Auca, Cachi, Ucho; die älteste der Schwestern nannten die andern Mama Ocllo. Aus den zwei Seitenfenstern kamen die Maras und die Tambo-Indianer, und vor deren Augen geschah nun etwas Wunderbares. Der Sonnengott stieg auf die Erde nieder, zog Manco Capac eine goldene Rüstung an und gab ihm einen goldenen Stab. Dann sprach er zu ihm: Du und deine Brüder, ihr seid meine Söhne. Geht hin und macht euch alle Stämme untertan! Dann gab er ihnen Mais und sagte: Sucht euch Land, auf dem der Mais gut wächst! Und baut euch eine Stadt und für mich, euren Vater, einen Tempel! Der Sonnengott gab den vier Brüdern goldene Ohrenscheiben, stieß sich vom Felsen ab, auf dem er stand, und kehrte in sein goldenes Haus, die Sonne, heim.

Manco Capac und die Seinen gingen nun auf die Suche nach fruchtbarem Land. Den Ort, an dem sie in die Welt gekommen und vom Sonnengott zur Weltherrschaft berufen worden waren, nannten sie Paccari-Tampu: Ursprungsstätte. Manco nahm Ocllo zur Frau. Sie zogen lange umher. Auf der Höhe Huanacauri gerieten die vier Brüder aneinander. Manco, Auca und Ucho halfen zusammen gegen Cachi, vor dem sie wegen seiner Zauberkräfte Angst hatten. Sie lockten ihn in eine Höhle und verschlossen sie mit schweren Blöcken. Aus Wut verwandelte sich Cachi selbst zu Stein. Der jüngste Bruder, Ucho, blieb auf der Höhe Huanacauri und diente dort der Sonne, bis auch er zu Stein verwandelt wurde. Das gleiche Los traf Auca, bevor sie noch das Tal erreichten, in dem es gute Erde gab. Nur Manco Capac blieb am Leben – und Mama Ocllo. Sie schleuderte den goldenen Stab ins Tal von Cuzco. Der Stab drang so tief ein, daß von ihm nichts mehr zu sehen war. Das nahmen sie als Zeichen, daß sie hierbleiben sollten. Manco Capac legte Felder an, er baute Dämme, um die Wildwasser zu zähmen, die von den Gletschern kamen. Dann zähmte er die wilden Stämme, die im Hochland lebten. Er lehrte sie, was er von seiner Mutter wußte; denn sie hatte verstanden, mit Bäumen, Seen und auch mit dem Fels zu reden und von den Pflanzen zu erfragen, was in ihnen steckt.

Manco Capac,
›der erste Inka‹
(aus Poma de Ayala)

Manco Capac lehrte alle Stämme, wie Menschen leben sollen. Wie es der Sonnengott ihm aufgetragen hatte, gründete er inmitten der fruchtbaren Erde eine Stadt: die Vierfache, die Stadt aus den vier Teilen – Cuzco. Die hochgelegenen Teile nannte er Hurin, das Obere, die beiden unteren Teile Hanan. In Hanan baute er dem Sonnengott ein schönes Haus. Als seine Stunde kam, wurde auch er zu Stein.

Mancos Nachfolger versuchten, sich als Sonnensöhne zu behaupten und das Land, das ihnen untertan war, zu erweitern. Da sie noch nicht viel Macht hatten, verließen sie sich nicht auf Krieg, sondern befolgten das Gebot des Sonnengottes, andere nicht zu unterwerfen, sondern sie zu lehren, wie Menschen leben sollten. Sie schlossen Bündnisse und heirateten Häuptlingstöchter anderer Stämme; so vergrößerten sie ihr Gebiet ohne Gewalt.

Erst der vierte und der fünfte Inka fühlten sich stark genug, mit Heeresmacht weit über das Gebiet von Cuzco hinauszudringen, besonders in den Süden, wo die Colla wohnten; mit Binsenbooten überquerten die Inkakrieger den Titicacasee. Sie überstiegen eisige Höhen und ernährten sich von Gras. Des Nachts sahen sie Schmelzöfen glühen. Die Colla waren tüchtige Schmiede. Sie verstanden sich auf Gold und Silber, Kupfer, Blei. Silber brachten sie durch geschmolzenes Blei zum Fließen. Blei hieß bei ihnen Curuchec: das, was zum Fließen bringt. Die Inka legten Festungen im Collaland an. Nun war es Inkaland, die Colla hatten künftig so zu leben, wie es die Inka wollten. Die Inka hatten eine Sprache, die sie selber Runa-Simi nannten: Menschensprache. Alle, die zu Inka-Untertanen wurden, mußten diese Sprache lernen, und alle waren vor dem Inka gleich. Aus vielen Stämmen wurde so das Inkavolk. Als der sechste Inka, Inka Roca, zur Herrschaft kam, da waren Inkakrieger in das Gebiet der heißen Erde vorgestoßen, in den Urwald. Den Apurimac hatten sie mit einer großen Hängebrücke überspannt. Die Inkamacht war nun so groß, daß manche Stämme sich anschlossen, ohne sich auf Kämpfe einzulassen. Sie beugten sich, sobald der Sonnensohn ihr Land betrat; denn er kam wie ein Gott, der in der Hand den Morgenstern trägt. Inka Roca drang bis an die Küste vor. Er brachte von dort zwei Dinge mit, die für das Leben des Inkavolkes wichtig wurden: Coca und Guano; Coca, das den Hunger fernhält und die Kräfte steigert, und Vogelmist, der auch im Hochland die Saaten besser wachsen ließ. Der sechste Inka baute seine Residenz in Hurin, in die Mitte der Oberstadt – aus Blöcken, deren einer der berühmte Zwölf-Ecken-Stein ist. Vorher hatten alle Inka in Hanan residiert, wo auch die Priester wohnten. Nun setzte sich der Inka eine Stufe höher. Dem Reich gab er den Namen Tahuantinsuyu: die vier zusammenhängenden Gebiete. Der Inka meinte damit die ganze Welt.

Noch aber war es nicht soweit. Noch gab es an den Grenzen Nachbarn, die nicht zu Inka-Untertanen werden wollten. Das zeigte sich in der Regierungszeit des siebenten Inka, der Yahuar Huacac hieß: der Mann, der Blut weint. Er hatte diesen Namen schon als Kind erhalten. Ein Todfeind seines Vaters hatte ihn entführt. Im Bergnest, wo man ihn gefangenhielt, weinte er eines Tages blutige Tränen. Auf die Entführer machte das so großen Eindruck, daß sie dem Kind die Freiheit wiedergaben. Der Anblick dieser Tränen hatte sie an den Schöpfergott erinnert, der Tränenspuren unter seinen Augen hat, zum Zeichen, daß aus ihm alles Leben quillt.

Yahuar Huacac war ein Inka, der nicht an Eroberungen dachte. Er zog als Tröster durch das Land, das eine Seuche verwüstet hatte. Als Feinde in das Land einfielen, ließ er sie vertreiben, nicht aber niedermachen. Er hatte einen Sohn, der von ganz anderer Art war. Schon mit zwölf Jahren hatte sich dieser Junge mit Erwachsenen geschlagen und sogar Götterbilder umgestürzt. Sein Vater ließ ihn in der Puna Lamaherden weiden. Und in der Öde ging der Prinz in sich. Eines Morgens, eben als die Sonne aufging, wurde der Prinz, der unter einem Felsdach schlief, geweckt. Erstaunt sah er, daß aus dem Felsen einer mit hellem Antlitz trat, mit Bart und hellen Augen – Viracocha, der bärtige Gott. Viracocha sprach: Geh hin nach Cuzco, sage deinem Vater, daß die Chanca kommen werden, um das Inkareich zu stürzen! – Darauf verschwand der Gott im Fels. Der Prinz ging hin zu seinem Vater und warnte ihn. Der Inka aber schickte ihn zurück zu seiner Lamaherde. Er glaubte nicht, was ihm der Prinz erzählte. Die Chanca kamen, sie brachen so verheerend in das Land, daß der Blutweiner seine Hauptstadt preisgab, um sich zu retten. Da kam der Prinz zum zweiten Male aus der Puna, sammelte Inkakrieger um sich und zog dem Chancaheer entgegen. Es kam zu einer Schlacht. Von ferne sahen andere Stämme zu, um abzuwarten, wem der Sieg zufiele; auf dessen Seite wollten sie sich schlagen. Im Namen Viracochas ließ der Prinz angreifen. Er hatte einen Kriegerhaufen in einem Hinterhalt versteckt. Der Kampf blieb bis zum Mittag unentschieden. Dann, als die Sonne die Chancakrieger blendete, drang der Inkaprinz so tief ins Chancaheer, daß er den Chancagott ergreifen konnte; einen Jaguar, aus Holz gemacht. Die Krieger, die ihn verteidigten, hatten auf ihren Schilden Ungeheuer. Sie flohen, als der Prinz den Gott an sich riß und dieser Gott nichts tat. Und nun brach auch der Haufe aus dem Hinterhalt. Die Chanca wandten sich zur Flucht,

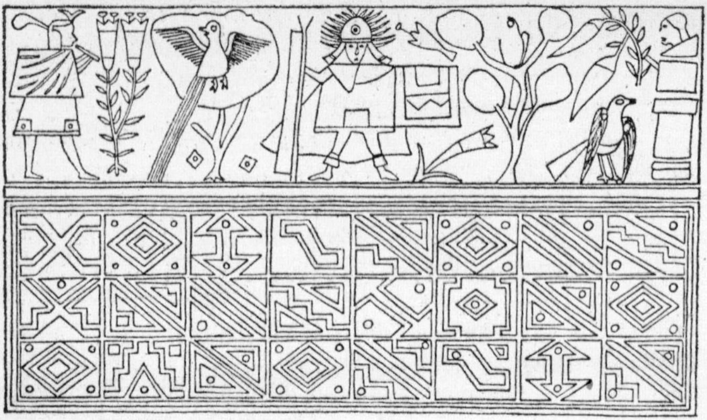

Abrollung von einem Inka-Gefäß

und alle Stämme, die zugesehen hatten, traten in das Heer des Siegers ein. Der Prinz hatte nun Macht genug, um seinem Vater die Purpurbinde von der Stirn zu nehmen und sich selbst auf den Inkathron zu setzen. Als Inka nannte er sich Viracocha: zu Ehren dessen, dem er alles verdankte. Er meißelte mit eigener Hand ein Bild des Gottes und ließ ihm einen großen Tempel bauen.

Auf Viracocha folgte Pachacuti, ein Mann mit Löwenaugen. Pachacuti bedeutet Weltveränderer, und wenn jemals ein Inka diesen Namen zu Recht trug, dann der neunte Inka. Auch er nahm sich den Thron, der einem seiner Brüder bestimmt gewesen war, aus eigener Kraft. Er fühlte sich vom Sonnengott berufen. Den Chancafürsten warnte er: Laß deine Hand von Cuzco; denn diese Stadt gehört der Sonne.

Pachacuti erweiterte das Reich nach allen Seiten. Dabei ging er stets auf die gleiche Weise vor: Erst schickte er Spione, darauf Unterhändler, dann sein Heer; und erst, wenn sich ein Stamm nicht kampflos unterwarf, ließ er nach Fasten und Gebet den Kampf beginnen. Der Ausgang war schon im voraus gewiß, denn Pachacutis Heer war unabsehbar. Die Unterworfenen mußten Krieger stellen. In Vorratshäusern lagerten auch Waffen. Zu jeder Stunde war das Inkaheer bereit. Der Bauer legte Hacke und Grabstock aus der Hand, setzte den strohgeflochtenen oder holzgeschnitzten Helm auf, nahm einen Schild, mit Tapir- oder Hirschleder bezogen, nahm Schleuder, Speer und Keule und setzte sich mit seiner Hundertschaft in Marsch. Inkaheere drangen in das Quellgebiet des Amazonas, ins Land der Yunka, die an der Küste ihre Städte hatten, und in die Kalte Mark, das Land um Cajamarca. Von den eroberten Gebieten wurden Tonmodelle angefertigt. Berg- und Küstenvölker, sogar Urwaldstämme wurden zu Inka-Untertanen. An der Küste eroberte der Inka einen Gott, der Pachacamac hieß, der Welterhalter, oder auch Rimac, ›Sprecher‹. Pachacuti erhob ihn zum Orakelgott für alle Inkavölker – nur baute er am gleichen Ort dem Sonnengott ein Haus, das höher als der Pachacamac-Tempel stand, damit der Inkagott den großen Sprecher überstrahle, so wie der Inka alle anderen Herrscher.

Des Inka Wille war Gesetz. Wer sich dagegen auflehnte, verfiel dem Tode, selbst wenn er ein Bruder des Inka war – wie Yupanqui.

Beim Sturm auf eine Festung hatte dieser Heerführer Chancakrieger eingesetzt, und diesen glückte, was den Inkakriegern nicht gelungen war; die Festung fiel. Da fürchtete der Inka, daß die einstigen Feinde sich im Übermut erheben könnten, und er befahl, die Sieger zu umzingeln und aus der Welt zu schaffen. Yupanqui weihte eine Schwester des Chanca-Anführers in den Blutbefehl ein. Noch in der gleichen Nacht verschwanden die achttausend, die verraten werden sollten, nach Übertölpelung der Inkawachen und entkamen in ein unzugängliches Gebiet. Yupanqui setzte ihnen nach, eroberte dem Inka ein paar Täler und kam mit unerhörter Beute heim nach Cuzco. Er wurde unverzüglich hingerichtet. Niemand nahm an dem harten Urteil Anstoß.

Der neunte Inka konnte sich auch milde zeigen. Bei einem Kriegszug an die Südküste verweigerte sich ihm ein Mädchen, das vor der Hochzeit stand. Das Dorf befürchtete ein Strafgericht. Doch Pachacuti stellte dem Mädchen einen Wunsch frei. Das Mädchen bat um Wasser für das Dorf, und Pachacuti ließ seine Soldaten die Waffen niederlegen und Kanäle graben.

Im ganzen Lande wurden Straßen, Aquädukte und Terrassen angelegt, Gebirgszüge mit Treppen überwunden. Überall dort, wo nach Ansicht des Inka zuwenig Menschen wohnten, siedelte er Menschen an. Er pflanzte ganze Stämme um. Durch solche Mitimaes wurde erobertes Gebiet gesichert. Auch Cuzco wurde nach Pachacutis Willen umgestaltet. Er baute Tempel, Sternwarten und Vorratshäuser. Die Hauptstadt machte er zu dem goldenen Wunder, das den Eroberern den Atem nahm. Denn aus den Goldregionen brachten nun Träger und Lamakarawanen viel Tribut. Pachacuti erweiterte die Schule, in der die Söhne des Adels ausgebildet wurden, und ließ die Prüfungen erschweren. Im ganzen Reiche wurde die ›Menschensprache‹ eingeführt. Es wurden Festungen gebaut, und die Pucaras, die es schon gab, bekamen neue Mauern. Mit Kupferklammern wurde Block an Block gebunden. Der neunte Inka panzerte das Land. So konnte jeder ohne Sorge seine Arbeit tun. Für Krieg und Erdbeben, für Dürre Überschwemmung war vorgesorgt. Im Reiche Pachacutis gab es keinen Hunger.

Er regierte dreiunddreißig Jahre. In drei Jahrzehnten änderte er die Welt, die seine Welt war. Auf Holztafeln und Tüchern ließ er festhalten, was sich zu seiner Zeit ereignet hatte. Als er sein Ende nahe fühlte, erhob er seinen Sohn Tupac Yupanqui auf den Thron. Dann ließ er sich zu einer Felswand nahe bei Cuzco tragen, in der drei Höhlen waren. Das mittlere Fenster hatte er zum Andenken an jene Höhle, aus der die Inkasippe einst gekommen war, in Gold gefaßt. Dort setzte er sich und redete ein letztes Mal mit seinen Söhnen und Enkeln. Er sagte ihnen, daß er Neid für eine tödliche Krankheit halte, Ungeduld für Feuer, das in trüben Geistern brennt, dagegen Unglück für den Amboß, auf dem der Mut geschmiedet wird. Darauf sang er mit leiser Stimme sein Todeslied: Zum Sterben kam ich wie die Lilie auf dem Feld, ein großes Leuchten war um mich, solang ich aufwuchs – nun aber bin ich welk und geh dahin.

So starb der größte aller Sonnensöhne. Er fand sein Grab bei Cuzco, in der Höhle unter dem heiligen Fels von Kenko, der die Gestalt eines Berglöwen hat. Die Priester ließen Grab und Stein zuschütten, als die Spanier heranrückten. Eins ist wohl

›Die drei Fenster‹
(aus Poma de Ayala)

sicher: hätten sie zu Pachacutis Zeiten die Eroberung von Peru versucht, von ihnen wäre keine Spur geblieben.

Auch Tupac Yupanqui, der zehnte Inka, hat neue Länder in das Reich gefügt. Nur ein Gebiet, das der Chimu, verteidigte sich lange. Es war das mächtigste der Königreiche an der Küste, ein Staat mit Städten, Festungen und Straßen. Weit ins Gebirge zog sich eine große Mauer hin. Dem Inka machte sie zu schaffen. Da beriet er sich mit den Amauta, seinen Lehrern. Und nun ging ihm ein Licht auf, und er fragte sich: Sind nicht die Täler der Chimu gespeist von Wasser aus dem Hochland? Und wird nicht ohne sie das ganze Reich Chimu zur Wüste? – Und er entsandte viele Werkleute, begleitet von viertausend Kriegern. Sie lenkten die Wasserläufe ab, daß sie versiegten. Nun schickte der Inka Abgesandte an den Groß-Chimu und ließ ihm sagen: Ich, Sohn der Sonne, dem auch alle Wasser untertan sind, werde die Flüsse erst dann wieder fließen lassen, wenn du dich unterwirfst.

So fiel die Nordküste dem zehnten Inka zu. Er hätte sich zufriedengeben können. In Tumbez aber hörte er, es gebe Länder hinter dem Horizont im Westen. Dort war das große Meer. Der Inka fragte die Amauta, und sie sagten, bis zu diesen Ländern sei es unausdenkbar weit. Der Inka wollte nun erproben, ob ihm sein Stern auch auf dem Meere leuchte. Er fastete vierzig Tage und ließ eine Flotte aus Flößen bauen. Mit ihr fuhr er nach Westen. Alle, die zurückblieben, erfaßte große Angst, als von der Flotte nichts mehr zu sehen war. Nach einem halben Jahr verbreitete ein General, der Unruhen im Lande befürchtete, er habe gute Nachricht von der Flotte. Für diese Lüge wurde er bestraft, sobald der Inka heimkehrte – nach mehr als einem Jahr. Er brachte Beutestücke mit, die ihm so wichtig waren, daß noch zur Zeit der Spanier über sie ein Wächter aus königlichem Blute eingesetzt war. Dabei waren auch ein Messingstuhl, ein Pferdeschädel und viel anderes, das auf Küsten deutet, weit von Peru – so ist in den Sagen überliefert.

Manche Länder hat der zehnte Inka nicht durch Krieg erobert, sondern durch den Zauber seines Namens. Und auch dem elften Inka, Huayna Capac, fielen neue Länder kampflos zu. In weniger als hundert Jahren wurde durch drei Sonnensöhne das Inkareich zum größten Reich der Neuen Welt. Für fünfzehn Millionen Menschen war Huayna Capac ein Gott.

In seinen letzten Jahren hörte er immer wieder von Bärtigen, die übers Meer gekommen seien. Von der Küste kam die Nachricht von weißen Männern, die Blitze mit sich führten. Als nun der Inka das erfahren hatte, war er vor Staunen starr. Er schloß sich ein und trat erst wieder aus seinem Gemach, als die Nacht kam. Die Läufer von der Küste sagten, die Bärtigen seien in die Tempel eingedrungen, um sie zu plündern. Nichts habe sie erschreckt, nicht einmal die Berglöwen in den Zwingern. Der Inka aber wollte zum zweiten Male alles hören, und die Boten sagten: Die Bärtigen betraten ohne Furcht die Zwinger, und die Berglöwen krochen auf sie zu und taten ihnen nichts. Da stand der Inka auf und riß an seinem Mantel und schrie: Hinaus mit euch!

Was bringt ihr mir Unruhe in mein Haus? – Doch gleich darauf rief er die Läufer wieder zu sich, damit sie ihm zum dritten Male alles sagten. Der Inka wußte nicht, was er von diesen Bärtigen halten sollte. Waren sie Viracocha-Söhne oder Unheilbringer? Nur eins war sicher: Niemand war stark genug, um sie zurückzuweisen.

Da tat der Inka etwas, das den Untergang des Reiches besiegelte. Er gab Huascar nicht das ganze Reich. Im Norden setzte er Atahualpa ein. So stiftete er eine Feindschaft, die beide Söhne ins Verderben trieb.

Huayna Capac starb an einer Seuche, der fast das ganze Heer erlag, das mit ihm in den Norden gezogen war. Er war der letzte Inka, der als Mumie mit goldenem Antlitz feierlich nach Cuzco geleitet wurde. Er war die letzte Spitze einer Pyramide, in der

Huayna Capac,
der elfte Inka
(aus Poma de Ayala)

noch kein Riß war. In ihr war jedem ein fester Platz bestimmt. Ganz unten standen die Tauglichen, die Puric — Millionen, die sich in nichts unterschieden. Über je hundert Puric war ein Camayoc gesetzt, ein Herr, der dafür sorgte, daß die Befehle des Inka streng befolgt wurden. Auch auf je tausend kam ein Herr, auch auf zehntausend; und über je zehn Herren von zehntausend gebot ein Tucricuc: einer, der alles sieht. — Den höchsten Rang nahmen die Capac Apu ein, die Oberherren der vier Weltteile, aus denen sich Tahuantinsuyu zusammensetzte, das Inkareich.

Hoch über allen andern stand der Inka, und er allein entschied, was zu geschehen hatte, damit der Sonnengott zufrieden war. So wenig denkbar war, daß je die Sonne von ihrer Bahn abwich, so wenig konnte auch der Inka irren. So glaubte es das Volk. Selbst als das Reich vom Bruderzwist zerrüttet war und Atahualpa sich als unfähig erwies, den Spaniern zu entkommen, ließen sich Tausende für ihn niederhauen, weil er für sie ein Sonnensohn war.

Kein Spanier hat das Inkareich in vollem Glanz erblickt. Wie es zur Zeit der Weltveränderer ausgesehen hatte, das wissen wir aus Chroniken spanischer und indianischer Chronisten. Manche Berichte waren lang verschollen. Ein Deutscher, Pietschmann, hat im Jahre 1905 die Chronik des Seefahrers Sarmiento de Gamboa in Göttingen entdeckt und ein paar Jahre später in Kopenhagen das tausend Seiten dicke Buch des Poma de Ayala, der aus einem Häuptlingsgeschlecht stammt, das der Inka-Sippe die Stirne bot. In diesem Buch sind einige hundert Bilder, aus denen uns die Inkawelt entgegenblickt.

Bilder aus der Inkawelt

Bild eins: Der junge Mann in spanischem Mantel, spanischen Hosen, spanischem Hut, der in der Mitte steht, bin ich, Felipe Huaman Poma de Ayala. Mein Name ist halb indianisch und halb spanisch – so wie ich selbst; denn meine Mutter war die Enkelin eines Häuptlings, der dem zehnten Inka entgegentrat. Mein Vater war der Spanier Martin de Ayala. Er zog mir spa-

nische Kleider an und schickte mich auf eine spanische Schule. Doch hatte er für alles Indianische viel übrig, und da er sah, daß viele Spanier mit Indianern wie mit Vieh umgingen, trug er mir auf, dies Buch zu schreiben. Ich sollte mit möglichst vielen Indianern reden, um von ihnen zu erfahren, wie es zu Inkazeiten in Peru gewesen war; das habe ich getan. Man sieht, wie viele aus dem Inkavolk um mich sind, auch Inkafürsten mit kostbaren Mänteln und goldenen Scheiben an den Ohren. Sie drängen sich um mich, sie heben ihre Hände auf und sagen mir: So war es, und so ist es nun — der spanische König muß es wissen, was durch die Spanier hier zugrunde ging. — Ich hörte ihnen zu, auch meiner Mutter, und dann schrieb ich mein Buch. Mein Vater schickte es dem spanischen König: am 15. Mai 1587. Ich weiß nicht, ob es König Philipp jemals in die Hand bekam; denn für mein Volk hat sich nicht viel geändert, solange ich lebte. Vielleicht hat es dem König zu große Mühe gemacht, mein Buch zu lesen, denn, das muß ich zugeben, mein Spanisch ist nicht frei von Fehlern; und wo mir spanische Worte fehlten, fügte ich Inkaworte ein. Was ich schrieb, ist schwer zu lesen, aber: die Bilder, die ich gezeichnet habe — sagen sie nicht genug?

Bild zwei: Die Welt des kleinen Mannes aus dem Volk, des Tauglichen, des Puric — an einem guten Tag. Der Puric trägt, was er geerntet hat, ins Haus, und dabei helfen ihm sein Sohn und seine Frau und auch die Lamas, die sein Eigentum sind. Mehr darf er nicht besitzen als seine Hütte, ein Stück Land, das ihn vor Hunger schützt, ein Lamapaar mit Lamakind, vielleicht noch einen Hund und ein paar Hühner. Nun wird man sagen, daß es Hühner erst zu meiner Zeit in Peru gegeben habe. Ich habe mich genau erkundigt: Hühner kamen vor den Eroberern nach Peru, in Ländern eingehandelt, die schon einige Jahrzehnte vorher von den Spaniern erobert wurden. Doch Hühner waren für den Puric nicht so wichtig wie das Lama, das ohne Widerstreben Lasten trägt, sich selbst sein Futter sucht, wochenlang ohne Wasser auskommt, eisige Nächte überlebt und noch am Rande von Gletschern einen Weg entdeckt. Mit seinem Weib und seinem Lamapaar haust der Puric auf der Erdzelle, die ihm bestimmt ist.

Wenn ihm ein Sohn geboren wird, kommt eine zweite Zelle dazu, bei einer Tochter eine halbe. Reich konnte keiner werden, doch auch keiner zugrunde gehen. Wenn eine Puricfamilie trotz fleißiger Arbeit Hunger litt, wurde der Camayoc, der die Verteilung der Felder vorgenommen hatte, zur Rechenschaft gezogen, denn er hatte den Inkawillen nicht erfüllt. Der Inka sorgte dafür, daß dem Puric ein Haus errichtet wurde, das ihn vor Schnee und Wind und Regen schützte. Bereits der erste Inka Manco Capac hatte seine Untertanen gelehrt, in jedem Monat das richtige zu tun. Seit jenen Tagen wußte jeder, wann man die Felder urbar macht, die Wolle spinnt, die Lamas auf die Weide bringt, Mais und Kartoffeln erntet, die Brunnen säubert, Dächer richtet und die Toten ehrt. Auf daß die Arbeit niemanden erdrücke, hatte der Inka angeordnet, jeden Monat drei Feiertage abzuhalten, an denen alle sich zerstreuen sollten, dazu drei Märkte, zu denen alles Landvolk in die Städte kam, um die Befehle für die nächste Zeit zu hören. Der Inka teilte auch das Salz zu, das der Puric, seine Frau und seine Kinder wie seine Lamas mit Vergnügen leckten. Ich habe auch die Sonne nicht vergessen, die den Puric und seine Felder gedeihen läßt, und nicht die Berge, die das Inkavolk erzogen haben. In einer Felswelt wurde der Puric hart, zäh, unempfindlich gegen Kälte, gegen Hunger, ein Hochländer mit mächtigem Brustkorb, starken Knochen und mit mehr Blut, als Küstenindianer in den Adern haben.

Bild drei: Der Puric auf dem Acker. Mit dem Grabholz stößt er Pflanzlöcher ins Erdreich, und seine Frau streut Mais hinein. Nach altem Brauch muß eine Frau dabeisein, denn sonst wächst nicht genug. Sehr selten hatte der gewöhnliche Mann zwei Frauen — das war bei Hochgestellten anders. Die Puricfrau war nicht nur Bäuerin und Lasttier, sie mußte kochen, nähen, waschen, spinnen, weben, mit Wiegesteinen Mehl aus Mais bereiten und Mais zerkauen, um Chicha herzustellen, die Hütte sauberhalten und die Kinder aufziehen. Oft wurden Kinder unterwegs geboren, da Frauen oft als Trägerinnen verwendet wurden. In solchen Fällen wusch die Frau das Kind und sich in einem Bach. Das Kind wusch sie mit Wasser, das sie zuerst in ihren Mund genommen hatte. Das war die einzige Zärtlichkeit, die ihr erlaubt war. Am vierten Tage kam das Neugeborene in eine Wiege, die auf dem Rücken mitgetragen wurde. Mit zwei Jahren wurde das Kind entwöhnt, mit vierzehn bekam es dann den Namen, der ihm für das Leben blieb. Die Jungen lernten den Beruf des Vaters, die Mädchen wurden mit achtzehn einem Mann gegeben. Wie es auf einer solchen Hochzeit zuging? Ein Wollschuh wurde dem Mädchen an den linken Fuß gesteckt, der Sippenälteste entzündete ein Feuer unter einem Topf und sagte seinen Spruch: Es ist nicht gut, wenn einer von euch kalt wird, solange der andere brennt — und damit war das Mädchen die Frau des Mannes, der es vom Vater durch Geschenke erworben hatte. Wer nicht wollte, der wurde verheiratet. Ein Camayoc kam in den Ort, ein Tucricuc oder in manchem Fall der Inka selbst, er winkte aus den Reihen der Un-

vermählten Mann und Frau zusammen und machte sie zum Paar. Kein Puric sollte für sich hausen. Kinder zu haben, das war eine seiner Pflichten; ein großes Indianervolk sollte dem Inka dienen.

Bild vier: Der Junge, der mit seiner Schleuder die Vögel aus dem Maisfeld scheucht, ist zwischen neun und zwölf. In diesem Alter hat der Puricjunge aufzupassen, daß sich die Vögel nicht zu viele Körner holen, bevor die Erntezeit kommt. Mit einem Wolfsfell über Kopf und Schulter, mit Geißelstab und Schleuder ziehen die Jungen auf die Felder, die der Sonne, dem Inka oder dem Ayllu, der Großfamilie gehören, und dabei lernen sie spielend, wie man mit der Schleuder tötet.

Stolz zeigt der Junge den erlegten Vogel. Von zwölf bis achtzehn sind Puricjungen Lamahirten oder helfen ihrem Vater bei der Arbeit. Nach achtzehn konnte jeder Puric zu jedem Dienst herangezogen werden, zum Bau von Straßen, Brücken und Kanälen, von Festungen und Ackerbauterrassen, auch zum Krieg. Bis fünfzig galt er als ein Tauglicher. Wenn der Inka ihn und seine Sippe an einer andern Stelle haben wollte, zog er dorthin um, mit Kindern, Frau und Lamas. Oft wurden ganze Dörfer umgepflanzt, besonders in die neueroberten Gebiete, damit die Menschensprache dort gesprochen wurde und die Besiegten Tag für Tag vor Augen hatten, wie erprobte Inka-Untertanen ihrem Inka dienen. Wenn dann der Puric fünfzig war, kam für ihn schwere Arbeit nicht mehr in Betracht, und über sechzig galt er als Punucrucu, als ein gebrechlicher Schläfer, der sich gelegentlich um kleine Kinder, Enten und Meerschweinchen kümmerte. Die Alten wurden wie die Kranken und Verrückten von der Sippe unterhalten, auch sie hatten ihr Auskommen im Ayllu. Zum Ayllu

zählten alle, denen die gleiche Huaca heilig war. Das Land, das zum Ayllu gehörte, war mit Lamaknochen abgesteckt. Der Inka ließ darüber wachen, daß kein Puric darbte, keiner umkam, keiner ungerecht behandelt wurde. Wo Wasser fehlte, sorgte er für Wasser. Wo Felder nötig waren, ließ er Erde herbeischaffen, in Puricmänteln und auf Lamarücken, oft über Berge, Schluchten, ödes Land. Das Puricleben war in strenge Stufen eingeteilt, und es gab keinen Mann und keine Frau im Inkareich, die nicht so lebten, wie der Inka vorschrieb. Über nichts brauchte der Puric sich Gedanken zu machen, auch nicht über seine Kleidung. Sie wurde ihm gestellt. Es war jedem anzusehen, von welchem Stamm er war: ob ein Colla mit knäulartiger Kappe, ein Cañari mit siebartig geflochtetem Haar, ein Huanca mit Haarstricken, die bis zu den Knien hingen. Zu denken brauchte kein Tauglicher – damit hatte der Inka andere beauftragt: Großohren, in deren Adern Inkablut floß.

Bild fünf: Da steht ein Großohr, ein Orejon. Ihm ist eine Brücke anvertraut. Die Brücke ist ein Teil der Straße, die zum Inka führt. Sie ist ein Straßenstück, das in der Luft hängt. Von Fels zu Fels ist sie gespannt, und in der Tiefe tobt ein Fluß. Wenn diese Brücke reißt, dann ist das Netz zerrissen, in dem der Inka seine Länder hält. Die Brücken sind der Straßen kleine Schwestern. Auf allen Straßen sind Läufer unterwegs, die Inkabefehle in die entlegenen Provinzen bringen – auf diese Weise kann der Inka fast zu gleicher Zeit an jedem Ort sein. Straßen führen durch die Wüste, durch die Puna, an Schneegipfeln vorüber, durch gewachsenen Fels, an steilen Ufern wilder Flüsse hin, fest untermauert, wo es not tut, mit Post- und Vorratshäusern und mit Rastplätzen, die Tampu heißen. Wo Sümpfe sind, dort gibt es breite Dämme, und Treppen, wo ein Berg im Wege steht. Gepflastert sind die Straßen mit einem Gemisch aus Maisstroh, Lehm und Kieseln. An ihren Rändern wurden Wasserrinnen gezogen und Algarrobo-Bäume angepflanzt. Brücken und Straßen führten zu allen Plätzen, die dem Inka wichtig waren: zu Goldwäscherdörfern, zu Signalstationen, die in Gletschernähe errichtet waren, von Stadt zu Stadt, von einer Festung zur anderen. Auf

diesen Straßen rückten die Spanier ins Inkareich ein; sie krochen auf allen vieren über Inkabrücken, die mit Seilen aus Cabuyafasern Schluchten überspannten. Sie kamen auch an Flüsse, über die nichts als ein Seil gespannt war, an dem ein Schwebekorb von einem Ufer an das andere gezogen wurde. Diesen Körben trauten die Spanier nicht; doch Läufer, Sänftenträger und wer sonst in alter Zeit auf Inkastraßen zog, setzten sich mit Vergnügen in die Körbe. Solange er im Korb saß, hatten seine Beine Ruhe. Durch Läufer wurden alle Nachrichten befördert. Die Läufer hießen Chasqui und hielten sich in Posthäusern bereit – mit Mundvorrat und einem Muschelhorn. Chasquistafetten waren rascher als ein Reiter. Niemals hätte einer dieser Läufer den Inhalt seiner Botschaft preisgegeben, auch nicht auf der Folter.

Die Chasqui liefen unbeirrt durch Schnee und Wind und Wüstenhitze, niemand durfte die Inkaboten aufhalten, nicht einmal ein Inkafürst. Der Inka wollte stets das Herz des Reiches sein. Es gab nicht einen Inka, der nicht Straßen angelegt hat. Und nun will ich erklären, warum die Inkastraßen derart rasch entstehen konnten, ohne daß das Land entvölkert wurde. Sobald der Inka sprach: Hier werde eine Straße! prüften die Straßenbauer das Gelände, und jedes Dorf vollendete ein Teilstück. Wenn es eilig war, dann kamen Helfer, manchmal von weit her, in langen Zügen. Mit Kupfermeißeln, Feuer, Wasser wurden Felswände durchbrochen. Gerade wie ein Speer, so stieß die Straße in die Weite, in ihrer ganzen Länge reingehalten, damit der Inka seine Freude hatte, wenn er reiste.

Bild sechs: In goldener Sänfte zieht der Inka durch das Land. Die Coya reist mit ihm, die Königin. Ein Laubdach spendet Schatten. Sänftenträger, die niemals einen andern tragen als den Inka, ziehen geschwind und lautlos ihren Weg, ausgesuchte Männer aus dem Stamme der Rucana, der die Sänftenträger stellt, so wie der Stamm der Collahui die Ärzte, der Stamm der Cañari die Leibwache des Inka, der Stamm der Chumbivilca Spaßmacher und Tänzer. Sie brauchten keine Steuern zu entrichten. Von Steuern frei war auch der Stand der Handwerker, der Weber, Goldschmiede und Töpfer, weil ihre Meisterschaft hoch eingeschätzt war. Sie hatten wie der Puric nur das einfachste Gerät. Die Töpfer kannten nicht einmal die Töpferscheibe, unbekannt war das Rad. Töpfer, Goldschmiede und Weber gehörten nicht zu denen, die goldene Scheiben an den Ohren trugen. Dies Vorrecht hatte nur, wer dem Inka-Ayllu angehörte oder zumindest der Familie eines Fürsten, der einmal selbst auf einem Thron gesessen hatte, bevor die Inka in sein Land gekommen waren. Nur Großohren konnten zu Würdenträgern werden, zu Herren über andere, zu Beamten, Priestern, Heerführern. Doch wagten auch sie nichts zu tun, was nicht der Inka ihnen aufgetragen hatte. Wir wissen nur von einem einzigen Fürsten, der eigene Wege ging. Das war der ›Tiger‹ Otorongo. Vom Inka Roca in Marsch gesetzt mit einem Heer, das Urwaldstämme für räuberische Überfälle

strafen sollte, entschloß der ›Tiger‹ sich, das Inkaheer nach Hause zu schicken und selbst im Urwald zu bleiben. Nie hat sich ein derartiger Vorfall wiederholt; im allgemeinen wollten Würdenträger möglichst nah beim Inka sein.

Bild sieben: Die Inka führten über alles Buch – mit Schnüren, in die Hunderte von Knoten geknüpft sein konnten. Mit diesen Knoten wurden vor allem Zahlen ausgedrückt, doch waren sie auch, falls meine Gewährsmänner nicht übertrieben haben, Gedächtnisstützen für Gesetze, Meldungen, sogar Gedichte. Da steht ein Quipu-Leser vor dem Inka, um ihm Bericht zu geben über die Bestände, die in den Vorratshäusern sind. Der Camayoc hält die Hauptschnur, an der Fäden verschiedener Farbe hängen.

Das ›Buch‹ ist aufgeschlagen. Der Inka kann mitlesen, und offenbar hat er etwas bemerkt, das nicht ganz stimmt. Pachacuti, der alle Prüfungen erschwert hat, verlangte von den Quipucamayoc besonders viel. Er sagte: Wer mit diesen Knotenschnüren nicht zurechtkommt, wie soll so einer Sterne zählen können! – Den Spaniern waren diese Schnüre sehr verdächtig. Sie rissen die Quipu aus den Archiven, die es in allen Städten gab, nicht nur in Cuzco. Auf Scheiterhaufen wurden sie verbrannt – als Teufelsstricke, die das Volk in falschem Glauben gehalten haben sollten. Ich, Poma, kann bezeugen, das dies nicht so ist. Die Quipus trugen dazu bei, daß in den Vorratshäusern nichts verschwinden konnte, nicht einmal ein Paar Sandalen. Im Inkareiche herrschte eine Ordnung, von der kein Spanier träumt. Das kam daher, daß alle Hochgestellten durch eine strenge Schule gegangen wa-

ren. Je höher einer stand, um so viel mehr erwartete von ihm der Inka. Die Ausbildung der Prinzen und der Adelssöhne lag in den Händen der Amauta, weiser Männer, an deren Unterricht sogar der Inka manchmal teilnahm. Hauptfächer waren Sprache, Religion, Geschichte, das Lesen der Quipu, daneben Astronomie und Länderkunde. Beim ersten Fest des Jahres, dem Inkafest, wurde die große Prüfung abgehalten. Mit dem Inka zogen die Würdenträger zum Hügel Huanacauri, auf dem der jüngste Bruder Manco Capacs nach langem Sonnendienst zu Stein geworden war. Zehntausend Schritte weit entfernt traten die Vierzehnjährigen zum großen Lauf an. Sie liefen durch die dünne Luft des Hochlandtales und erreichten keuchend die Hügelspitze, auf der Tiere aus Salz für sie bereit lagen: Falken, Wildenten und Kolibris, Lamas, Füchse und Eidechsen — und Schnecken für die, die zuletzt ankamen. Den Siegern wurden weiße Hosen angezogen, den Unterlegenen schwarze. Es gab viel Jubel für die guten Läufer und für die Langsamen nicht wenig Spott. Alle erhielten weiße Mäntel mit schwarzem Federschmuck. Bei einem Scheinkampf aller gegen alle konnte jeder zeigen, ob er imstande war, im Kriege seinen Mann zu stehen. Vor aller Augen mußte jeder ein Sandalenpaar und einen Speer anfertigen, Feuer aus Hölzern reiben und im Brachland eine Reihe von Pflanzlöchern graben. Wer alle Prüfungen bestanden hatte, trat vor den Inka hin, der ihm mit goldener Nadel Löcher in die Ohren stach und ihm zwei goldene Scheiben verlieh zum Zeichen der errungenen Würde. Auf der heiligen Terrasse beim Sonnentempel empfingen die in den Adelsstand Erhobenen von den Ältesten der Ayllu Schild und Keule, Speer und Schleuder. Dann tauchten sie ins Wasser der Quelle Calipuqui und waren nun bereit für die Aufgaben, die ihnen vom Inka zugewiesen wurden. Im Inkareiche gab es keine Müßiggänger. Den vier Schuljahren schloß sich eine Lehrzeit an, in der die jungen Großohren zu Priestern, Architekten, Offizieren, zu Brückenbauern und Beamten herangebildet wurden, zu Helfern ihres höchsten Herrn, des Inka.

Bild acht: Für Adelstöchter gab es eine Schule, die Acllahuasi hieß. In sie wurden auch Purictöchter aufgenommen, streng aus-

gewählt von Inka-Abgesandten. Sie waren für den Dienst in Tempeln und Palästen vorgesehen. Manche dieser Mädchen teilte der Inka Würdenträgern zu, besonders Heerführern, die von Kriegszügen kamen, und einige stiegen zu Nebenfrauen des Inka auf. Ich, Poma de Ayala, habe von der Schönheit solcher Mädchen viel gehört. In meiner Zeit gab es die Schulen der Erwählten nicht mehr. So fürchte ich, daß meine Feder ihnen vieles schuldig bleibt. Ihr Eifer aber ist auf meinem Bild: Die Mädchen lernen, mit der Spindel umzugehen. Die Mamacuna, der die Mädchen anvertraut sind, blickt streng auf sie herab, und selbst die Adelstöchter mit den breiten Gürteln, mit goldenen Gewandnadeln und Haaren, die wie Bäche fließen, sind in das, was sie tun, versunken oder blicken ängstlich zur Mamacuna auf, ob sie es richtig machen. Die Mamacuna war stets eine Inkaschwester und Hohepriesterin. Bei manchen Festen holte sie mit goldenem Hohlspiegel heiliges Feuer aus der Sonne. Sie galt als höchste Frau außer der Coya, der Königin. Ich weiß von Königinnen, die schön wie die Sonne waren, die Blumen oder Vögel liebten, auch von solchen, die sich der Trunksucht und der Zauberei ergaben. Der Puric setzte in die Coya große Hoffnung. Beim Volk hieß sie Mamanchic, ›unsere Mutter‹, und auch Huacha Cupac, ›die sich der Unglücklichen annimmt‹. Von mancher Coya ist bis heute im Gedächtnis, daß sie in Krieg und Unglücksfällen sich bewährte. Als Arequipa, eine große Stadt im Süden, zu Pachacutis Zeiten durch ein Erdbeben getroffen wurde, nahm sich die Coya der zerstörten Stadt an, da der Inka auf einem Kriegszug war. Und die Coya des zehnten Inka brachte sogar fertig, daß Aufrührer am Leben bleiben durften. Der Inka hatte keine Wahl: Empörer durfte es nicht geben. Da fand die Coya in ihrer Weisheit einen Weg. Sie nannte den Stamm, der sich erhoben hatte, Yanacuna, ›schwarze Knechte‹ — und nun gab es den Stamm der Aufrührer nicht mehr. Sie wurden künftig in keiner Menschenliste geführt; doch konnten sie, da eine Coya sich ihrer angenommen hatte, sogar zu Hofämtern herangezogen werden. Als Sonnentochter trat die Coya für das Leben ein, nicht für den Tod.

Bild neun: Der Oberpriester prangt im Festornat. Das Haupt geschmückt, in farbenglühendem Gewand, mit Goldglöckchen an Knien und Knöcheln, am Arm die Tasche, in der das Opfermesser liegt, so tritt er auf das Lama zu, das er der Sonne übergeben will. Das Lama ist von makellosem Weiß. Kein Flecken ist an ihm, so wenig wie am Gott, der Leben spendet. Der Priester ruft den Himmel an, herabzusehen und das Opfer anzunehmen. In goldener Schale wird das Opferblut dem Schöpfer allen Lebens angeboten. Der Priester ruft der Sonne zu: Mögest du jung bleiben wie am ersten Tag und Licht und Wärme spenden ohne Unterlaß! Mit Hailli-Rufen stimmt das Volk in das Gebet ein. Geopfert wurde auch, wenn eine Quelle am Versiegen war. Dann betete der Opferpriester: Gott, Ursprung aller Dinge, laß diese Quelle nicht vertrocknen, damit die Ernte auf den Felsen nicht versiege! Vor jeder Feldbestellung wurden Opfer angeboten, um der Pachamama, der Erdmutter, zu zeigen, daß man nicht böswillig Löcher in sie stoße, auch vor jedem Bau. Ohne daß der Himmel teilnahm, konnte in der Inkawelt nichts unternommen werden. Daher hatten Priester einen hohen Rang. Der Villac-Uma, der Hohepriester, war der Erste nach dem Inka. Über eines staunten die Spanier ganz besonders: daß man im Inkavolk die Beichte kannte. Es gab Beichtpriester, die Ichuri hießen. Zu ihnen ging, wer sich mit einer Sünde beladen fühlte. Als Sünden galten Verleumdung, böse Wünsche, Diebstahl, Ehebruch, Verschwörung, Ungehorsam, Dahinleben ohne der Götter zu gedenken. Die Sündenliste war nicht abzusehen. Gebeichtet wurde stets an einem Fluß. In einer Hand hielt der Priester ein Büschel Ichugras und in der andern einen Stein. Er nahm die Sünde in sich auf, spuckte sie in das Büschel Gras und warf sie in die Wellen, die sie davontrugen. Dem Sünder gab er einen Schlag mit seinem

Stein und eine Buße. Als schwerste Buße galt das ›Weilen in der Wildnis‹: der Sünder hatte sich für eine Frist von Tagen oder Wochen von allen andern fernzuhalten. Das Beichtgeheimnis wurde vom Ichuri streng bewahrt. Sünde wurde als etwas angesehen, das nicht nur das Leben eines Menschen, sondern aller bis hinauf zum Inka in Unordnung brachte. Wer Sünde auf sich lud, der stand beim Kampf, den der Inka im Namen des Sonnengottes auf der Erde kämpfte, auf der falschen Seite. Auch jeder, der krank wurde; Krankheit mußte, in welcher Form sie immer auftrat, möglichst rasch vertrieben werden. Die Heilung übernahmen Priester, die zugleich Zauberer und Ärzte waren. Es wurden Heilmittel verwendet: Chinin gegen Fieber und bei Wunden, wilde Gerste gegen Geschwüre, Kondorblut bei Nervenleiden, Bärenfett bei Tumoren. Es gab Chirurgen, die verstanden Schädel aufzumeißeln. In allen Fällen wurde versucht, den bösen Geist zu bannen, der bei der Krankheit seine Hand im Spiel hatte. Der Kranke war nicht frei von dem Verdacht, er habe sich versündigt. War er geheilt, wurde er angehalten, künftig kein Gebot zu übertreten. Die Grundgebote hießen: Amu sua, ama llulla, ama checla – stiehl nicht, lüg nicht, sei nicht träge! Wer dagegen verstieß, beleidigte den Inka und den Sonnengott.

Bild zehn: Die schlimmste Untat, die im Inkaland einer auf sich laden konnte, war Verschwörung. Als ein Verschwörer galt bereits, wer zweifelte, ob die Inka Sonnensöhne seien. In solchen Fällen überließ der Inka es dem Himmel, den Schuldigen zu richten. Er wurde in ein Verlies geworfen, das er zwei Tage und zwei Nächte mit Schlangen und mit Jaguaren teilen mußte. War der Verschwörer am Morgen des dritten Tages noch am Leben, so war er frei. Doch kein Erbarmen gab es für den, der sich mit einer Sonnenjungfrau einließ. Er wurde ausgetilgt samt seiner Sippe. Wer Brücken oder Vorratshäuser beschädigte, Fruchtbäume umschlug oder Lamas tötete, der war des Todes schuldig. Streng wurde auch bestraft, wer auf den Feldern eines Camayoc arbeitete anstatt auf Inka- oder Tempelfeldern. Wer dagegen bei Mundraub ergriffen wurde, bekam zu seinem Feld noch Land dazu, um seinem Hunger abzuhelfen. Jeder sollte bekommen,

was er zum Leben nötig hatte. Aus diesem Grunde war auch das Verbot erlassen, Mais zu schälen, und die Verordnung sagte: Wenn jene, die das machen, Verstand besäßen, würden sie weinen, wenn sie die Körner schälen; denn sie betrügen sich. – Der Inka sorgte nicht nur für sein Volk. Er schützte auch die Tiere in seinem Reich, besonders Guanacos und Vicuñas. Alle vier Jahre wurde in jeder Gegend eine Treibjagd abgehalten, bei der sich bis zu zwanzigtausend Indianer an den Händen faßten. Die Guanacos wurden zum Teil erlegt, die Vicuñas aber wieder freigelassen, nachdem sie ihre Wolle hergegeben hatten. Aus Vicuñawolle wurden für den Inka und den Adel Kleider und Decken angefertigt, leicht und glatt wie Seide. Wer heimlich ein Vicuña tötete oder Vicuñawolle für sich nahm, wurde unter einen Steinblock gestellt, den man auf seine Schultern fallen ließ.

Bild elf: Wenn es Zeit wird, die Äcker zu bestellen, dann kommt zuerst das Feld des Sonnengottes an die Reihe. Der Inka nimmt den Grabstock in die Hand. Er steht in einer Reihe mit dem Puric. Die Arbeit ist für ihn ein Fest. In seiner roten Borla stecken Blumen. Im Takt der heiligen Lieder brechen die Pflüger die Erde auf, singend streuen die Frauen die Saat.

Die Männer singen: Ayau hailli, ayau hailli!
Kapai Inti, Apu Yaya,
Kaway kuri, samay kuri!
Große Sonne, mächtiger Vater,
Weck die Saaten, laß sie wachsen!

Die Frauen antworten: Hailli Pachamama, hailli!
Hailli, o Erdmutter, hailli!

Im Auftrag der Sonne wird das Land bebaut, im Einverständnis mit der Mutter Erde. Ohne diese beiden kann nichts gedeihen. Die Sonne hat das Jahr so eingerichtet, daß es nicht besser sein kann. In seiner Mitte steht das Sonnenfest, das Inti-Raymi. Den Jahresanfang macht das Fest des Inka. Jeder Monat ist nach einem Fest benannt. Auf Capac-Raymi folgen Kleine und Große Reife, Blumengewand, Tanz der jungen Maiskolben, Erntegesang, Sonnenfest, Irdische und Große Läuterung, Fest der Sonne, Wasserfest und Zug der Toten. Beim Einsetzen der Regenzeit wurde ein Fest gefeiert, um alle Krankheiten zu vertreiben. Die Kranken und die Fremden wurden für einen Tag der Stadt verwiesen. Die Gesunden rieben ihr Gesicht mit Maisbrei ein, zündeten Fackeln an und schwenkten Waffen, als sollten unsichtbare Feinde in die Flucht geschlagen werden. Die Mäntel wurden über Bächen ausgeschüttelt, die Wellen nahmen alles Unheil mit; denn nach dem Inkawillen sollte es nichts Dunkles auf der Erde geben. So hörte es der Puric von den Priestern. Die höchsten Priester waren zugleich Astronomen. Am Tag der Sonnenwende banden sie die Sonne an Pfeiler aus gewachsenem Fels. Die Priester kannten den Kalender, Tag- und Nachtgleiche war für sie kein Geheimnis. Sie wußten im voraus den Mittag, an dem der Pfeiler keinen Schatten wirft. In Quito, einer Stadt nahe dem Äquator, ›saß dann der Gott mit seinem ganzen Lichte auf der Säule‹. Die Sonne trieb die Finsternis vom Himmel fort, der Inka von der Erde. Sonne und Inka waren eins. Beim Tode hörte er nicht auf, bei seinem Volk zu sein. Er nahm auch künftig an allen Festen teil — als Inkamumie, die in der Inkasprache Malqui hieß: fruchttragender Baum. Beim Sonnenfest saßen die Malqui neben dem lebendigen Inka auf Felsthronen und nahmen an den Opfern teil. Sie wachten darüber, daß im Inkareich alles so geschah, wie es der Sonnengott erwartete.

Bild zwölf: Das Reich des Inka war ein Sonnenreich. Dem Sonnengott wurden nicht nur Tempel, sondern ganze Städte erbaut; besonders Cuzco, wo die Inka residierten, war ihm heilig. Cuzco war in Viertel aufgeteilt, die zwölf Bezirke hatten hübsche Namen: Kolibri-, Eidechsenviertel, Salzfenster, Tabakfeld ... Der

Adel hatte seine festen Plätze, die Handwerker und das gemeine Volk, die Speicher und die Residenzen. Inmitten aller Bauten funkelte das Goldhaus, wie alle andern Häuser strohgedeckt, nur daß ins Stroh Halme aus Gold geflochten waren. Cuzco war das Abbild des Sonnenreiches, eingeschlossen zwischen Bergen, in einem Tal erbaut, dicht unterm Himmel: Sinnbild der Inkamacht. Die Inkavölker sahen in Cuzco das heilige Tier, den Puma. Zwischen den reißenden Bächen Huatanay und Tullumayo lag der Körper, der Vilcamayo war der Schwanz, die Festung Sacsayhuaman der Kopf. Aus mächtigen Blöcken sind die ältesten Paläste, die späteren Residenzen aus Gemäuer, in dem ein Stein dem andern gleicht. Dreihundertdreiunddreißig Huacas gab es in und um Cuzco. Auf einer Höhe außerhalb der Stadt stand vor dem Himmel groß ein Tor, aus Fels gemeißelt. Die Inka machten sich die Felsen dienstbar. Sie nahmen Stein und formten ihn nach ihrem Willen. Aus Fels bauten sie Mauern, Dämme und Altäre. Das Beste, das die Inka schufen, war aus Stein. Die Sonnensöhne haben ihrem Volk ein Haus gebaut, auf das die Sonne ruhig niederschauen konnte. Ihr Reich war groß. Die Inka waren gute Herrscher, das sage ich, Felipe Huaman Poma de Ayala.

Das Urteil des Seefahrers Sarmiento: Ich, Sarmiento de Gamboa, sage, daß die Inka schlechte Herrscher waren. Der Vizekönig von Peru hat mich beauftragt, zu erforschen, wie es den Völkern von Peru erging, solange diese ›Sonnensöhne‹ herrschten. Man hat uns Spanier als Teufel hingestellt, die Elend über alle Inkavölker brachten. Ich aber weiß, wir haben sie aus der Sklaverei befreit. Ich habe überall im Lande Verhöre angestellt, und nun bin ich im Bilde, wie diese Inka wirklich waren. Sie waren Ausbeuter, Tyrannen für ihr Volk und andere Völker. Ihr Reich war groß, doch nur, weil andere Reiche diesem Reich geopfert wurden — und ungezählte Menschen. Die Inka ließen Trommeln aus der Haut der Besiegten machen. In Cuzco hatten sie ein Schädelhaus, das angefüllt war mit Trophäenköpfen. In den eroberten Gebieten wurde manches Feld zum Blutfeld, manche Lagune zur Blutlagune, mancher Berg zum Totenberg. Als Manco Capac mit der Inkasippe in das Tal von Cuzco einbrach, kam er nicht als Lehrer; die Stämme, die da lebten, hatten längst schon Felder, Tempel, Städte. Er kam als Unterdrücker, der sich Land nahm, der jeden niederschlug, der sich nicht beugte. Sogar die Inkaweiber kämpften mit. Mir haben auf den Salzterrassen bei Cuzco die Nachfahren der Unterworfenen erzählt, daß Mama Ocllo einem Feind die Lungen aus der Brust riß und sie mit ihrem eigenen Atem aufblies; entsetzt von soviel Wildheit, floh der Stamm. Die Inka schreckten auch vor Brudermord zu keiner Zeit zurück. Einer der vier ersten Inkabrüder wurde von drei anderen umgebracht. Pachacuti erschlug seinen Bruder Urco, Atahualpa ließ Huascar grausam töten. Und auch mit ihrer Frömmigkeit war es nicht weit her. Ein Inka erschreckte die Priester mit der Frage, ob sie denn wirklich glaubten, daß die Sonne ein Gott sei, da sie doch Tag für Tag den gleichen Weg zurücklege, nicht anders als ein Tier am Zügel. Atahualpa schlug einen Orakelpriester mit der Goldaxt nieder, weil dieser ihm einen frühen Untergang geweissagt hatte. Diesem letzten Inka braucht keiner nachzutrauern. Er selbst gab zu, daß er vorhatte, alle Spanier zu töten bis auf einen: den Schmied, dem er das Geheimnis des Eisens zu entreißen hoffte. – Diese Inka logen allen Völkern vor, sie seien von der Sonne zum Heil der Menschen eingesetzt. Ich aber frage: Was waren Menschen für sie? Werkzeuge, mit denen sie verfuhren, wie sie wollten. Im Inkareiche zählte nur der Inka. Alle anderen wurden gezählt. Bis in den letzten Winkel des Reiches kamen Menschenzähler, und wehe, wenn herauskam, daß ein Curaca, um Abgaben zu ersparen, auch nur ein Kind versteckt in einem Erdloch hielt. So einer wurde erbarmungslos zur Rechenschaft gezogen. Tribut wurde nicht nur in Mais und Wolle, in Lamas und Metall erhoben, auch in Menschen, aus denen Läufer oder Sänftenträger, Tempeldienerinnen oder Opfer werden sollten. Vom Inka wurde jedermann sein Platz bestimmt. Wer nicht zum Krieg, zum Straßen- oder Terrassenbau herangezogen oder samt seiner Sippe in eine fremde Gegend umgesiedelt wurde, kam lebenslang nicht los von seiner Zelle. Lebenslang bestellte er im gleichen Dorf das Feld der Sonne, das Inkafeld, sein eigenes und das Feld des eingezogenen oder kranken Nachbarn, trank an den Feiertagen Chicha, leckte Salz und spielte das Bohnenspiel – wie alle andern. Die Puricfrau hatte für Kinder, Lamas, Mann und Haus zu sorgen, für Feld und Wasserspeicher.

Näschereien waren dem Puric nicht erlaubt. Ein jeder hatte seine Mahlzeit bei offener Türe einzunehmen, damit zu überprüfen war, ob keiner Fleisch aß, wenn alle andern Maisbrei aßen. Schmutzfinken wurden angehalten, Schmutz zu essen. Eine Hütte hatte wie die andere auszusehen, ein Puric wie der andere. Federschmuck und Kleider aus Vicuñawolle waren den Hochgestellten vorbehalten. Der Puric ging in oft geflicktem Rockhemd. Mit einfachem Gerät tat er die Arbeit, für die kein Ende abzusehen war. Der Inka sorgte dafür, daß der Puric stets alle Hände voll zu tun bekam. Huayna Capac sagte seinen Söhnen: Hättet ihr sonst nichts anderes zu tun fürs Volk, so laßt es einen Berg von einer Stelle an die andere rücken, und ihr werdet im Reiche Ruhe haben. – Der Inka hatte Puricsöhne ein für allemal von allen Schulen ausgeschlossen, ›da sonst die Niederen hochmütig werden könnten‹. Doch auch Heerführer, Herren von Zehntausend, sogar die vier, von denen die Weltteile verwaltet wurden, wagten nichts aus sich selber zu entscheiden, nicht einmal, als der letzte Inka in Cajamarca gefangen war. Dieser letzte Inka hatte es soweit gebracht, daß seine Untertanen von ihm träumten als von einem Berg, der Feuer spie, von einer Eislawine, die Dörfer unter sich begrub. Erst als die Spanier kamen, löste sich der Bann. Uns Bärtige begrüßten viele Stämme als Befreier; denn sie erinnerten sich, wie ihr Leben ausgesehen hatte, bevor die Inka über sie gekommen waren. Sie waren keine Sonnensöhne, das sage ich, der Seefahrer Sarmiento de Gamboa, auch wenn ich nicht mit bei den ersten Spaniern in Peru war.

Aus dem Bericht des Reiters Sierre de Leguizamo, der mit Pizarro kam und der die Sonne verspielte, noch ehe die Sonne aufging: Der König Spaniens möge von mir erfahren, daß wir die Inkalande in vollkommener Ordnung angetroffen haben. Es gab hier weder Diebe noch Faulenzer noch Lasterhafte. Wir haben diesen Menschen viel genommen und, was noch schlimmer ist, wir haben sie verändert. Die Inka müssen weise Herrscher gewesen sein, denn sie regierten so, daß es nur wenige Vergehen gab. Nach altem Brauch genügte es, ein Federbüschel an die offene Tür zu stecken, und niemand trat ins Haus. Wir aber drangen in die Häuser ein, auch in die Heiligtümer. Wo immer etwas zu erbeuten war, dort waren wir zu finden. Es gab im ganzen Reich nur eine Stadt, die uns nicht in die Hand fiel: die Rebellenresidenz der sieben Inka, die nur dem Namen nach noch Inka waren. Ihnen war ein Schattenreich geblieben, eine Schar Getreuer und eine Stadt, die wir trotz aller Suche nicht entdecken konnten.

Die verlorene Stadt

Am Rand der großen Wälder, unter eisbedeckten Gipfeln, in einem Winkel, wo die Welt versiegelt war, hatte drei Jahre nach dem Tode Atahualpas der Rebelleninka Manco Capac ein sicheres Versteck gefunden. Vierhundert Jahre lang blieb diese Stadt verloren, bis Hiram Bingham sich auf die Suche machte und sie fand.

Bingham war Leiter einer Expedition der Yale-Universität, als er Machu Picchu, die Rebellenresidenz, entdeckte. Das war im Jahre 1911. Viele hatten bereits versucht, bis zu ihr vorzudringen, Eroberer, Abenteurer, Goldsucher – auch Archäologen. Sie alle hatten schließlich aufgegeben, und mancher hatte sich, zermürbt von jahrelanger Suche, gefragt: Gibt es sie überhaupt? Es mußte sie gegeben haben, denn Manco Capac II., von Pizarro zum Schein-Inka erhoben, war den Spaniern mit Hofstaat, Schätzen, Priestern und einem kleinen Heer entkommen. Der Inka und die Seinen wurden für vogelfrei erklärt. Vierzig Jahre lang behaupteten sich die Geächteten in der Wildnis. Inkakrieger machten alle Wege im Norden Cuzcos unsicher. Der Schatten-Inka brachte Gefangene ein, es liefen Spanier zu ihm über. Unterhändler kamen in die Nähe seiner Hauptstadt.

Das alles wußte Hiram Bingham, als er mit seiner Suche anfing. Er war Professor für Geschichte. Aber vielleicht gab es die letzte Hauptstadt nun, nach vier Jahrhunderten, nicht mehr; vielleicht war sie zerfallen und dem Boden gleichgeworden. – Doch Inkastädte verschwinden nicht so einfach von der Erde. Sie sind so dauerhaft gebaut, daß selbst Erdbeben ihnen nichts anhaben können. Die Stadt, die vierzig Jahre lang der Mittelpunkt des Inkawiderstandes gegen die Eroberer von Peru gewesen war, konnte nicht ohne Spur verschwunden sein, dessen war Bingham sicher. Sie hielt sich nur zu gut versteckt in einem Winkel, der noch nicht erforscht war. Dort hatten sich Eisgebirge, tosende Flüsse, der Urwald und der nackte Fels verschworen, keinen Eindringling zu dulden. Zwei Jahre nach dem 24. Juli 1911, dem Tage der Entdeckung, gab der Geograph der Expedition bekannt: ›Unsere Forschungen haben ein Gebiet von etwa 1800 Quadratmeilen erschlossen, von dessen Existenz vor 1911 niemand eine Ahnung hatte. Es scheint eine der größten unbeschriebenen Gletscherregionen Südamerikas zu sein, nur hundert Meilen von Cuzco. Die letzten Inka hätten keine bessere Zufluchtsstätte finden können.‹

Auf seiner Suche nach der Inkastadt begegnete Bingham Bären, Skunks, Vampiren, dem Opossum, vielen Vogelarten und Schmetterlingen, auch vielen Schlangen. Er und seine Begleiter kamen an Flüsse, die in wenigen Stunden zwölf Meter steigen können, und diese Flüsse hatten sich siebenhundert Meter tiefe Schluchten aus Urgestein gesägt. Urwaldbrodem stieg aus diesen Schluchten. Insektenwolken hingen um die Köpfe der Forscher, im triefenden Blattwerk sahen sie Tausendfüßler, Molche, giftige Spinnen und Schlangen, die ihre Opfer im Sprung angreifen. Sie wagten sich in eine Welt, die keinen unbedachten Schritt erlaubte. Aber nur hier blieb noch die Aussicht, auf die Stadt zu stoßen. Das übrige Peru war von den Spaniern durchsucht. Je menschenfeindlicher die Gegend, desto mehr versprach sie. Nachdem die letzte Inkahauptstadt vierhundert Jahre lang nicht aufzufinden war, konnte sie nur an einer Stelle sein, an der niemand eine Stadt für möglich hielt. Am Urubamba unterm Salcantay, dem wilden Berg, im Schatten einiger Sechstausender, fand Bingham einen Platz, durch siebenhundert Meter hohe Steilwände getrennt vom Rest der Welt.

Bingham war bei seiner Suche bereits auf Bauten aus der Inkazeit gestoßen, auch auf die ›Stadt, wo Gold gewaschen wird‹, und am Apurimac auf Überreste von Chopaquirau, einer Stadt, die das obere Apurimactal beherrscht hat. Dort gab es eine neunzig Meter lange Hängebrücke. Ein spanischer Chronist war bald nach der Eroberung dort gewesen. Brücke und Stromschnellen hatten ihn erschreckt. Die Brücke spannte sich von Fels zu Fels, durch das Gebrüll, das aus dem ›großen Sprecher‹, dem Flusse Apurimac, aufstieg. Pedro Sancho, der Chronist, sah noch den Gott, ›der an der Brücke in einem reichbemalten Gelaß zu Hause war, mit Brüsten wie ein Weib und einem Gürtel aus massivem Gold. Auf einem Balken, dicker als ein dicker Mann, saß er, und wenn der Inka ihn besuchte, sprach er mit ihm.‹ – Hiram Bingham kannte den Bericht. Ein peruanischer Forscher hatte ihn darauf aufmerksam gemacht. Es gab noch andere Chroniken, in denen vom Inka-Unterschlupf die Rede war. Bingham fand auch aus neuerer Zeit den einen oder anderen Hinweis. Charles Wiener hatte 1875 in seinem Tagebuch vermerkt, daß er von Ruinen in der Nähe des Berges Machu Picchu gehört habe. In eine Karte, die zehn Jahre früher der große Peruforscher Raimondi gezeichnet

Plan von Machu Picchu (nach Bingham, Machu Picchu, London 1930): 1 Stadttor, 2 Ackerbauterrassen, 3 Brunnen, 4 Wohnblock einer der zahlreichen Ayllus (Sippen), 5 Heiliger Platz und Dreifensterbau, 6 Intihuatana (Sonnenpfeiler), 7 Fuß des Huayna Picchu, 8 Halbkreisförmiger Tempel, 9 und 10 Sippen-Wohnblöcke, 11 und 12 Plätze mit Gräben

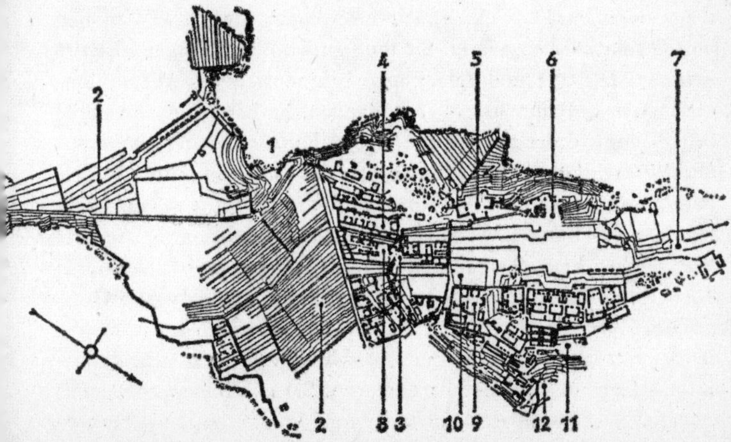

hatte, war ein Gipfel namens Machu Picchu zwischen Apurimac und Urubamba eingetragen.

Besonders aufschlußreich wurde für Bingham der ›Bericht des Diego Rodriguez de Figuroa über seine Verhandlungen mit dem Inka Titu Cusi Yupanqui in den Anden von Vilcabamba‹ — also im Umkreis der verlorenen Stadt. Titu Cusi, der vorletzte Rebelleninka, hatte mit Diego, dem kleinen Bärtigen, im Dorfe Puquinra verhandelt. Er war den Angeboten des Vizekönigs nicht erlegen. In dem Bericht ist unter anderem auch eine Straße erwähnt, ›die nach Sapamarca und Picchu führt‹. Der gleiche Name im alten spanischen Bericht und auf Raimondis Karte und in Wieners Notiz — das machte Bingham stutzig. Er kreiste Machu Picchu ein. Er fragte alle, die im weiteren Umkreis Besitzungen hatten. Ein Pflanzer horchte die ganze Gegend aus. Es kam zu Kanufahrten auf dem Urubamba. Und dann traf Bingham einen Mann, der Melchor Arteaga hieß. Er wußte von Ruinen unterm Gipfel des Machu Picchu. Binghams Begleiter legten Arteagas Auskunft kein Gewicht bei. Erschöpft von wochenlangem Suchen, blieben sie im Lager, das sie am Urubamba-Ufer aufgeschlagen hatten. Der eine wollte Schmetterlinge fangen, der andere sich um seine Wäsche kümmern. Bingham, von Arteaga und dem peruanischen Sergeanten Carrasco begleitet, machte sich am frühen Morgen des 24. Juli auf den Weg. Sie überquerten den reißenden Fluß auf einem wackeligen Steg. Der Aufstieg wurde sehr bald schwierig. Sie mußten Knie und Finger zu Hilfe nehmen. Dickicht und Felsklippen behinderten das Weiterkommen. Arteaga jammerte über Schlangen. Er hatte nicht so derbe Stiefel an wie der Sergeant. Der Steilhang schwelte, als es auf den Mittag zuging. Tief drunten war der Fluß, ein lautes, weißes Band, und gegenüber die Nordwand der Schlucht, grau, nackt bis in den Himmel, wie aus dem Mond geschnitten. Die drei Männer keuchten. Sie bahnten sich mit Händen und Füßen durch die Wildnis einen Weg. Da tauchten völlig unerwartet zwei Grashüte auf, darunter freundliche Gesichter. Es waren Indianer, die Behälter trugen — mit frischem Wasser. Sie freuten sich, daß da Besuch kam, und boten zu trinken an. Sie nannten ihre Namen: Alvarez und Richarte. Dann gingen sie voraus zu ihren Hütten.

Sie hatten Mais hier oben angebaut, süße Kartoffeln, Zuckerrohr, Tomaten, Bohnen, Stachelbeeren. Sie hatten ungewöhnlich schmale Felder, und jedes Feld war eine Stufe höher als das andere angelegt. Am Steilhang hielt sich eine Feldertreppe. Inka-Terrassen, wie es sie bei Pisac gibt, bei jeder Inka-Fluchtburg, dachte Bingham. Die Müdigkeit war weg. Er fragte nach Ruinen. Alvarez deutete zum Sattel hinauf, der über ihnen lag, und gab den Männern seinen Jungen mit. Der Junge schlüpfte voraus durch Dorngestrüpp und Bambus. Auf einmal blinkte eine weiße Mauer aus dem Dschungel. Bingham entdeckte Mauern, wohin er sich auch wandte, auch Terrassen. Er starrte das Wunder aus behauenen Steinen an und flüsterte: Was für ein toller Traum!

Sie standen auf dem Sattel zwischen dem ›jungen‹ und dem ›alten‹ Picchu, vom Fluß umtost, von Eisgipfeln umstellt. In diesen Sattel war die Stadt gesetzt, eine Stadt in Wolken, ein Menschenhorst.

Es waren längst verlassene Inka-Terrassen, auf denen Alvarez und Richarte ihren Mais anbauten. Bingham stieß auf eine Mauer, ›die ihresgleichen in Peru nicht hat‹, und er entdeckte an einem Stein nicht nur zwölf Ecken wie am weitberühmten Stein in Cuzco, sondern zweiunddreißig. Er sah Zyklopenfundamente, gefügt aus Quadern, viele Tonnen schwer, vor allem Treppen — und alles steckte unter einem Urwaldmantel. Bingham beschloß, den Mantel wegzuziehen.

Er und die zwei Begleiter blickten hinab zum Fluß. Er schoß fast siebenhundert Meter tiefer dahin, eine rasche Schlange, die kein Ende nahm. Sie schloß den Sattel, der die Stadt trug, an drei Seiten ein. Die vierte Seite riegelte ein Grat ab. Bingham verstand nun, daß die Stadt Jahrhunderte verborgen bleiben konnte.

Bereits im nächsten Jahr kam Hiram Bingham ein zweites Mal nach Machu Picchu, um ›seine‹ Stadt zu neuem Leben zu erwecken. Er kam nicht allein. Und außerdem warb er zehn Indios an. Mit ihnen hatte er viele Schwierigkeiten. Der einzige willige Helfer aus Peru war der Gendarm Tomas Cobinas. Zunächst bauten sie eine Brücke über den Urubamba, von Klippe zu Klippe. Sie überlisteten den Fluß und bauten eine Seilbahn — alles mit

Behelfsbrücke über den Urubamba

behelfsmäßigem Werkzeug. Mit der Machete und mit Feuer wurde der Urwald ausgerottet. Verkohlte Strünke, Wurzeln, Erdreich wurden abgetragen, bis bloßlag, was von Menschenhand erbaut war. Vier Monate lang wurde die aufgedeckte Stadt durchstöbert, jeder Winkel, auch die nähere Umgebung. Es war nicht ungefährlich. Gleich in der ersten Woche wurden acht Giftschlangen erschlagen. Zwei Maultiere starben an Schlangenbissen. Einer der Männer Binghams, Heald, versuchte auf einer Bärenspur den jungen Picchu zu ersteigen. Er stürzte beinahe ab. Mit ausgerenktem Arm kam er beim dritten Angriff auf den Gipfel. Er fand dort oben eine Treppe und Mauerreste. Bingham schickte Arbeiter aus, sie sollten Höhlen suchen. Sie fanden keine. Andere Indios entdeckten acht an einem Tag. Sie hatten sie bereits gekannt, sie fanden mehr als fünfzig Höhlen, die als Gräber gedient hatten, von Bären und Jaguaren heimgesucht. Über dem Bergsattel fand Bingham Gräber, von denen die Toten herabgesehen hatten auf die Stadt, die nun, nach langem Schlafe, auferstand. Die Wildnis wehrte sich. Dreimal wurde in den vier Grabungsmonaten der Dschungel weggefegt. Im August 1912 gehörte Machu Picchu nicht mehr dem Urwald, sondern den Ausgräbern.

Eine unabsehbare Flucht von Terrassen, einst mit Mais und anderer Frucht bebaut, bietet sich nun dem Blick. Darüber erheben sich Bauten von verschiedener Art: Mauern aus ungeheuren Blöcken, Mauern bester Inka-Arbeit, auch hastig aufgerichtetes Gemäuer. Vor allem Treppen, über hundert Treppen. Ein Mann der Expedition, der alle Stufen zählen wollte, gab bei 3200 das Zählen auf. Die größte Treppe teilt die Stadt in ihrer Mitte, Treppen teilen sie in Viertel ein. Neben Wohnbauten mit Gärten gibt es ärmliche Behausungen. Zum einzigen Brunnen führt eine Treppe aus einem Block. Im Zentrum liegt das ›Sonnenfeld‹, ein Platz, umringt von Tempelbauten. Da stehen helle Granitmauern mit Fenstern und Nischen in Trapezform. Da steht ein Turm, halbrund, und unter ihm liegt eine Höhle mit einem Thron, mit Nischen von erstaunlich guter Arbeit.

In nächster Nachbarschaft erhebt sich jene leichtgeschwungene Mauer, die für Bingham die schönste Mauer von Peru war. Nicht weit davon das Haus mit den drei Fenstern – ein beispielloser Bau aus weißem Andesit.

Inmitten der Granittempel liegt auf dem Platz ein mächtiger Stein mit eingeschnittenen Schlangen: eine Huaca. Die Stadt hat noch mehr heilige Steine. Dicht überm Abgrund, der zum Urubamba abfällt, führt eine kühne Treppe hinauf zum Stein ›an den die Sonne gebunden wurde‹, zu einem Pfeiler aus ge-

Teil von Machu Picchu
mit ›Dreifensterbau‹ und Huacas (heiligen Steinen)

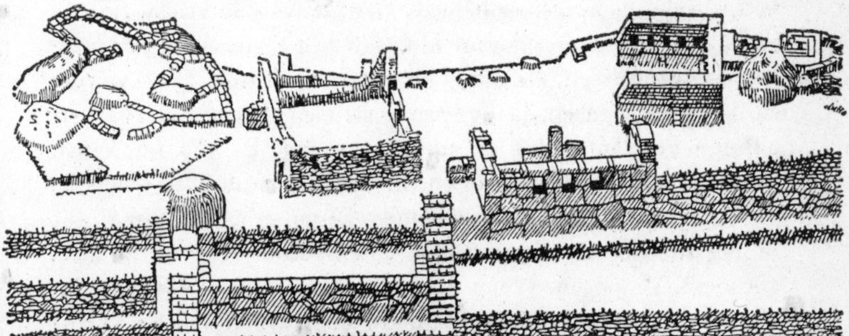

wachsenem Fels. Sein Schatten war der Zeiger an der Uhr des Sonnenjahres. Unter einem dreißig Meter hohen Felsen fand Bingham eine Frau begraben — mit Bronzehohlspiegel und Baumwollresten. Sie war vermutlich eine Mamacuna. In vielen Gräbern waren Frauen beigesetzt. Mit Manco Capac waren vor den Spaniern auch ›Sonnenjungfrauen‹ geflohen. In der verlorenen Stadt hatten der Inka und die Seinen so gelebt, wie es seit jeher ihre Art gewesen war. Sie opferten der Sonne und begnügten sich mit dem, was ihnen die Erde zum Leben gab. Sie nächtigten auf nacktem Boden, in ihre Mäntel eingehüllt. Feldterrassen schützten sie vor Hunger. Dschungelwinde sorgten dafür, daß genügend wuchs. Eine hängende Stadt, ernährt von hängenden Feldern, von Zufuhr unabhängig — so erhob sich die Rebellenresidenz in Gletscher- und Urwaldnähe, unangreifbar. Ein Teppich vor der Tür, ein Dach aus Stroh, ein Feuerbecken und ein paar Geräte – das hatte denen, die in der Stadt ausharrten, einst genügt. Innerhalb der Häuser wurden etwa fünfmal soviel Scherben aufgefunden wie in den Grabhöhlen, ein Zeichen, daß Machu Picchu bis zuletzt zahlreiche Einwohner gehabt hatte. Bis zuletzt — wann war das gewesen? Wann war zum letztenmal ein Posten auf dem Wachtturm aufgezogen, der die Stadt nach Süden gesichert hatte? Wann war zum letztenmal vor das einzige Tor der Stadt der schwere Steinriegel geschoben worden?

Bingham und seine Helfer suchten Anhaltspunkte. Die Erde gab hauptsächlich Scherben aus der späten Inkazeit her, rund zweihundert kleine Bronzen und nur wenige Zinn- und Silberstücke: Spiegel, Ringe, Anhänger, Handgriffe, Glöckchen, Äxte — kein Gold. Das deutet darauf hin, daß alle Dinge von größerem Wert verschwanden, als die Stadt verlassen wurde. Doch warum wurde sie aufgegeben, da die Spanier sie niemals gefunden hatten?

Bingham glaubt, daß es am Wasser lag. Es gab nur einen Brunnen. In den vier Monaten, in denen Machu Picchu ausgegraben wurde, war dieser Brunnen kaum ergiebig genug für fünfzig Menschen. War die eine Quelle schon vor vierhundert Jahren am Versiegen? Wenn es so war, dann blieb den Inkatreuen nichts übrig, als zu gehen. Vielleicht aber war ihnen aufgegangen, daß jeder weitere Widerstand sinnlos geworden war.

Scherben der späten Inkazeit
(nach Bingham, Machu Picchu, London 1930)

Die Unterdrückten hatten vierzig Jahre lang versucht, das Joch der Spanier abzuschütteln. Die Spanier hatten einen Enkel des letzten großen Inka als Inka eingesetzt. Sie hatten ihm den Namen des ersten Inka zugebilligt: Manco – aber keine Macht. Der Inka floh. Er wurde eingefangen. Da täuschte er die Wachen und einen von Pizarros Brüdern und floh ein zweites Mal. Dann kam er selbst zurück. Anfang April 1536 erschien er an der Spitze eines Inkaheeres vor Cuzco. Der Zeitpunkt war sehr gut gewählt. Ein Teil der Spanier war unterwegs nach Chile. Andere zogen im Land umher, um sich zu bereichern. Pizarro war dabei, Lima zu gründen. In ganz Peru flammte der Aufstand auf. Lima wurde eingeschlossen, vor allem Cuzco. Die Inkakrieger zogen Gräben und spickten sie mit Pfählen. Sie zwangen Spanier, die sie gefangen hatten, Pulver herzustellen und sie im Handhaben von Feuerwaffen zu unterrichten. Sie stiegen auf gefangene Pferde. Zerlumpt, erbittert, ausgehungert, ihrer Ländereien beraubt, doch sehr gelehrige Schüler der Spanier in allem, was den Krieg anging, wollten sie Rache nehmen dafür, daß die Spanier

Atahualpa erwürgt und sie zu Tragtieren erniedrigt hatten. Sie kämpften wie verwundete Jaguare. Um Cuzco breitete sich tote Erde aus. Die alte Inkahauptstadt ging in Flammen auf. Nach sieben Tagen waren nur noch hundertsechsunddreißig Spanier übrig, die Hälfte davon war verwundet. Ihr Ende schien besiegelt. Doch gaben sie nicht auf. Sie merkten, daß Manco nur sieben Tage in jedem Monat kämpfen ließ: solange der Mond im ersten Viertel war. Drei Wochen ließ er die Belagerten in Ruhe. Die Spanier nutzten diese Frist. Sie griffen selber an und stießen kaum auf Widerstand, obgleich sie grausam waren. Verheerend brachen sie in die Reihen der Belagerer – monatelang. Manco hatte sich in der Festung Sacsayhuaman verschanzt, hinter einer dreifachen Zickzackmauer aus ungeheuren Blöcken. Juan Pizarro fand beim Sturm auf sie den Tod, von einem Schleuderstein am Kopf getroffen. Doch schließlich glückte es den Spaniern in Sacsayhuaman einzudringen. Den letzten Turm verteidigte ein

Plan von Sacsayhuaman

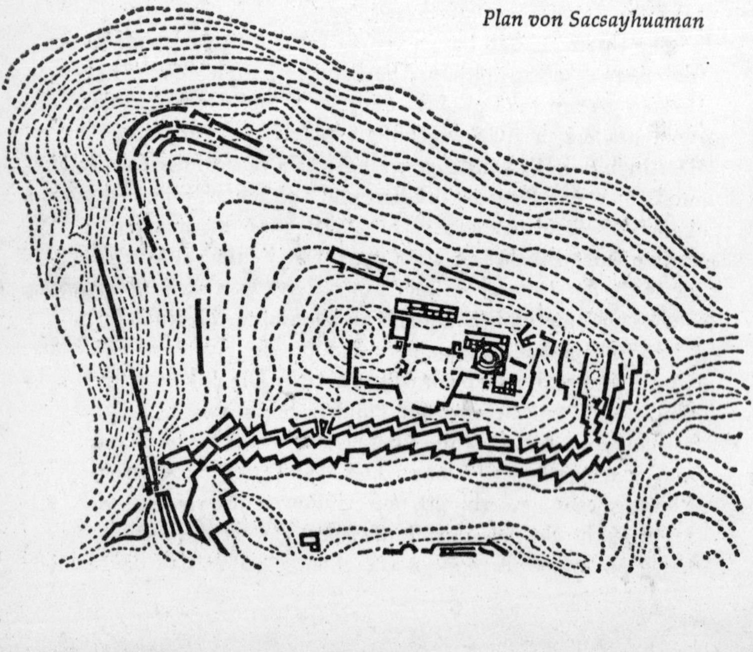

alter Inkafürst. Als nur noch er allein von allen Verteidigern am Leben war, hüllte er sich in seinen Mantel und stürzte sich in die Tiefe. Manco Capac aber schloß nun auch die Festung in den Belagererring ein. Für die Spanier war die Lage verzweifelter denn je. Da, plötzlich, am 16. Februar 1537, zog das Inkaheer ab. Die Krieger zogen heim, weil es Zeit war, die Felder zu bestellen und einen älteren Feind des Landes zu verweisen: Hunger. Der Schatten-Inka mußte fliehen. Bei Ollantaytambo warf er sich noch einmal den Spaniern entgegen. Sein Sohn wurde gefangen. Er selbst entkam mit Hofstaat, Lamaherden, wenigen Getreuen und mit den Mumien einiger Vorfahren in das Versteck, das die Spanier niemals fanden. Der Vizekönig legte eine Garnison in das Gebiet. Ein Hauptmann wurde losgeschickt, den Inka einzubringen. Erschöpft vom weglosen Gelände, traf der Hauptmann mit seinen zwanzig Leuten den Inka an der Spitze seiner Krieger, auf einem der vier Pferde, die er hatte. Sechs Spanier entkamen. Die Köpfe der anderen wurden in der Nacht darauf in die Garnison geworfen. 1542 gingen sechs Spanier, die ihr Leben verwirkt hatten, zu Manco Capac über. Zwei Jahre später, als Gesetze zum Schutz der Indianer erlassen worden waren, als dem Vizekönig an einem Ausgleich mit dem Inka lag, bot er den Überläufern die Begnadigung an, falls sie den Inka zu Verhandlungen bewegten. Beim Kegelspiel gerieten diese sechs in Streit mit ihrem Gastgeber, und einer warf dem Inka eine Kugel derart heftig an den Kopf, daß dieser tot zu Boden stürzte. Nun war es mit Verhandeln aus. Der Haß gegen die Spanier war im Widerstandsnest so groß geworden, daß selbst ein Inka ihm zum Opfer fiel. Mancos Nachfolger starb an Gift, weil er verhandeln wollte. Der Vizekönig schickte Häscher um Häscher aus; die Stadt blieb unauffindbar. Und die Rebellen machten weiterhin die Wege unsicher, durchschnitten Brücken, fingen Pferde ein und – Spanier. Ohnmächtig sah der Vizekönig zu, nun schon Jahrzehnte. Da erbot sich 1571 der Bruder Gabriel de Oviedo, den Inka aufzusuchen, um mit ihm zu reden. Der Bruder kam zum Rasthaus Cocha-Cajas und nach Huampu. Am Apurimac mußte er umkehren. Die große Hängebrücke war durchschnitten. Er ging zurück nach Cuzco, um über Ollantaytambo, den

Panticallapaß und über den Urubamba zum Oberlauf des Pampaconas vorzudringen. Und dort traf er den Inka. Doch Machu Picchu hat er nie betreten. Er kehrte unversehrt zurück, allein und ohne Angebot. Im Jahr darauf setzte der Vizekönig den Hauptmann Garcia, einen Vetter des Ignatius von Loyola, auf die Inkafährte. Und Garcia, der mit einer Nichte des Inka vermählt war, spürte Tupac Amaru auf und hetzte ihn, bis er ihn hatte. Er brachte ihn nach Cuzco, wo der Vizekönig ihn enthaupten ließ. Das Volk stand schweigend um den Richtplatz. Nachts aber lag es auf Knien vor dem abgeschlagenen Haupt, das auf Befehl des Vizekönigs auf einer Stange steckte. Der Vizekönig mußte es entfernen lassen. Das Inka-Drama war zu Ende. Die Hauptstadt in der Wildnis hatte keinen Sinn mehr. Sie wurde zur verlorenen Stadt — bis Hiram Bingham sie entdeckte.

Er jedenfalls glaubt, daß die Stadt, auf die er im Urwald stieß, die Stadt der letzten Inka war. Er fand in ihr vor allem Scherben der letzten Inkazeit und Inkamauern, wie sie auch in Cuzco standen. Auch jenes beispiellose Haus mit den drei Fenstern: ein reiner Inkabau. Als er ihn sah, kam ihm, der in den alten Chroniken bewandert war, ein Abschnitt in den Sinn, in dem es hieß: ›Manco Capac, der erste Inka, hatte angeordnet, am Ort seiner Geburt ein Haus mit drei Fenstern zu bauen zum Angedenken an den Platz, an dem er einst aus einer Höhle hervorgegangen war.‹ Eine Höhle gibt es in Machu Picchu. In ihr steht ein Altar — oder ein Thron. Es gibt dort wunderbare Nischen. Vor allem gibt es nirgendwo sonst in Peru ein schöneres Dreifensterhaus. Bingham war überzeugt, daß er nicht nur die letzte, sondern auch die erste Inkastätte gefunden hatte.

Er ging noch weiter. In Machu Picchu stehen Mauern, die sich von Inkamauern unterscheiden: Zyklopenmauern, wie sie auch anderswo im Hochland von Peru zu finden sind, sehr oft als Unterbau für Inkamauern. Wer hatte tonnenschwere Blöcke an eine Stelle schaffen können, die ohne Last schon schwierig zu ersteigen war?

Vor Bingham türmten sich Probleme auf. Er suchte in der Erde der entdeckten Stadt und machte Funde, die zurückwiesen in früheste Zeiten: Steinbeile, Bisonknochen, seltsam geformte

Holz- und Knochenstücke, Obsidianwürfel, derart viele, als sei ein Schauer von Meteoren hier gefallen, auch Obsidianmesser, Gegenstände in einer Form, die nirgendwo an Inkastätten sonst gefunden wurde, Gefäße mit Motiven, wie sie der Urwald eingibt. Der Urwald war für Machu Picchu der unheimliche Nachbar.

In den vier Monaten, die Bingham zur Verfügung standen, stieß er auf vieles, was sehr alt war.

Bingham sah sich die Mauern von Ollantaytambo an, die ältesten Teile der Stadt, die zwischen Machu Picchu und Cuzco erbaut ist. Sie sind *gegen* Cuzco gerichtet – also kaum von Königen gegründet, die in Cuzco residierten. Hatte es das ›Reich der Riesen‹, von dem in Überlieferungen die Rede ist, lange vor dem Inkareich gegeben? Bingham glaubte, daß die Fundamente von Machu Picchu in grauer Vorzeit gelegt worden waren, als es das Piruareich gab; als die Amauta herrschten, Könige, die den Völkern in den Anden zeigten, wie man Mais anpflanzt, Geräte und Gefäße macht und Städte baut.

Hiram Bingham hatte eine Stadt entdeckt, in der Natur und Menschenwerk in Einklang stehen, einen Sitz für Götter und für Menschen. Das weckte in ihm Träume. Doch sah er sehr genau hin, wenn er forschte, und er verheimlichte nicht einmal dann etwas, wenn sein Entdeckerruhm durch einen Fund gefährdet wurde. Bereits am ersten Tage, dem 24. Juli 1911, war er auf einen Stein gestoßen, in den ein spanischer Name eingeritzt war, auch eine Jahreszahl: 1902. Neun Jahre früher als er selber war ein anderer dagewesen, hatte seinen Namen in eine Mauer eingegraben, war fortgegangen und hatte niemandem von der versteckten Stadt ein Wort gesagt. So hatte Bingham zum Entdecker werden können.

Machu Picchu war eine Stadt aus Stein – wie Cuzco. Alle Städte und Festungen im Hochland waren aus Granit. Von ihnen führten Straßen an die Küste, an der es andere Städte gab, erbaut zu einer Zeit, in der die Inkabrüder noch nicht aus den drei Fenstern ausgestiegen waren. Diese Küstenstädte waren aus Lehmziegeln errichtet, von Menschen, die anders aussahen und anders lebten als die Inka.

Als sie von Inkaheeren unterworfen und aufgefordert wurden, künftig den Sonnengott als höchsten Gott zu ehren, da sagten ihre Priester: Wir haben unseren eigenen Herrn, den Mond. Der Gott, der uns am Leben hält, kam aus dem Meer, und er ist besser als der Sonnengott. Er gibt uns Fische und läßt unsere Felder gedeihen. Vom Blick der Sonne aber stirbt die Erde.

Die Küstenstämme hießen Yunkastämme, das Land, das sie bewohnten, Yunkaland. Die Yunkawelt ist unter Wüstensand begraben. Im trockenen Boden blieb viel mehr erhalten als im Hochland. Je tiefer die Archäologen in das lockere Erdreich drangen, um so erstaunlicher die Funde. Auch an der Küste stießen sie auf Huaquero-, Eroberer- und Inkaspuren. Aus tieferen Schichten aber tauchten Überreste der eigentlichen Yunkawelt auf: Gefäße und Gewebe und Metallarbeiten, wie es sie derart vielgestaltig nirgendwo sonst in Peru gab. Die Forscher fanden im Wüstensand die Spur von Pyramidenbauern, sie stießen auf versunkene Königreiche.

Bruchstück von einem Gefäß der Tiahuanaco-Kultur der ›Amauta-Zeit‹

Königreiche an der Küste

Als erster Archäologe in Peru gilt Baltasar Martinez Compañon. Er war vor rund zweihundert Jahren Bischof von Trujillo. Wo immer er hinkam, hielt er Ausschau nach Zeugnissen aus alten Zeiten. In nächster Nähe von Trujillo lag ein Wüstenstreifen, der mit Mauerresten übersät war: eine Fläche von fünfzehn Quadratkilometern. Der Bischof kannte die Berichte der Eroberer und die der indianischen Chronisten. Er wußte, daß an dieser Stelle eine große Stadt gestanden hatte: Chan-Chan, die Hauptstadt der Chimu. Nun fing er an, die Trümmer zu vermessen. Dabei stieß er auf Mauern, die acht Meter hoch gewesen waren. Er fand Anzeichen dafür, daß die Stadt am Meer gegründet worden war. Die Küste hatte sich im Laufe von Jahrhunderten gehoben, und nun lag die zerfallene Stadt im Land, vom Wüstensand bedeckt. Der alte Hafen war versandet, Dünen hatten alle Schleusen zugedeckt. Gewaltige Dämme lagen unter Sandschleiern verborgen. Der Bischof machte sich daran, die Schleier wegzuziehen. Er grub und forschte, und nach einigen Jahren legte er einen Plan der Stadt Chan-Chan vor, in der es Wohnungen für mehr als zweihunderttausend Einwohner gegeben hatte. Von allen andern Bauten hoben sich zwei ›Paläste‹ mit Doppelmauern ab.

Erst in unseren Tagen wurden die Paläste näher untersucht. Im größeren Palast, der einen Umfang von beinah einem Kilometer hatte, fanden sich ein Wasserbecken und ein Bau mit Zellen, in Reihen angeordnet, fünf mal neun. Die Wände dieser Zellen waren aus behauenen Steinen, was auffiel, weil selbst die Umfassungsmauern aus Lehmziegeln errichtet waren. Man hielt den Bau zunächst für ein Gefängnis. Merkwürdig war nur, daß zu allen Zellen Stufen führten – wie zu Altären. Als ein peruanischer Forscher in den kleineren Palast eindrang, entdeckte er im Innern Kammern von ganz ähnlicher Art, und diese Zellen waren noch nicht restlos ausgeplündert. Der Forscher fand Gewebe und viel Muschelschmuck. Er stieß auf Mumien und ein Götterbild aus Holz. Das alles sah nicht nach Gefängnis aus. Die Zellen mit den steingefügten Wänden waren Tempelkammern. In solchen Kammern hausten heilige Tiere, dem Mond geweiht. Als heiligstes Tier galt in Chan-Chan die Schlange. Chan-Chan heißt Schlangenstadt.

Für die Chimu, die zwischen Wüsten lebten, war Wasser das Lebenselement, in Schlangen sahen sie Wellen in der Wüste. Wie in der Welt der Pharaonen waren Schlangenlinien das Symbol für Wasser. Auf Krügen und Geweben, Schmuck und Mauern wurden sie unermüdlich wiederholt als eine Formel, die Mond und Meer und alle Flüsse freundlich stimmen sollte. In den Flüssen sah das gläubige Volk gewaltige Schlangen, die mitten in der Wüste Leben weckten.

Chan-Chan war eine reiche Stadt mit Gärten, mit Terrassen und mit Bauten, deren Mauern von feinem Mörtel überzogen waren, mit Stuck geschmückt und reich bemalt. Die Wohnhäuser der Vornehmen waren mit hübschen Dächern ausgestattet, mit Holzveranden und mit Vorhängen an allen Türen. Durch

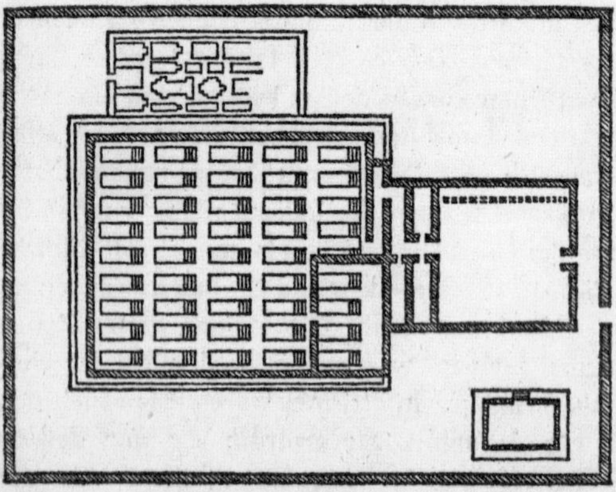

Plan eines der ›Paläste‹ von Chan-Chan

Mauern war die Stadt in zehn Bezirke eingeteilt, in denen sich die Häuser wie in einer Festung drängten. Es gab auch Plätze in der Stadt und paradiesische Flecken, nach strengem Plan geordnet. Überragt wurden die Wohnbauten durch Heiligtümer. Die Wohnviertel sahen wie riesige Wabennester aus. Je eine Sippe hauste in einer Wohnwabe, die leicht verteidigt werden konnte, weil eine hohe Mauer sie umschloß. Diese Quartiere waren meist nach einem Tier benannt – nach der Huaca, die der Sippe heilig war. In strengem Rechteck lagen Tempel, Wasserspeicher, Grabhügel, Wohnungen und Höfe.

Chan-Chan war nicht die einzige Stadt am Meer. Als aus den Küstenstämmen große Völkerschaften geworden waren, da blieb nichts übrig, als Haus an Haus zu rücken und die Erde einzuteilen, auch das Wasser. Kanäle wurden angelegt, Staubecken, Aquädukte, um Mensch und Tier und Ackerland mit Wasser zu versorgen. Von manchem Fluß ging nicht ein Tropfen im Meer verloren. Ein Netz von Wassergräben war bis an den Rand der Wüste ausgelegt. Wasserrinnen waren aus gewachsenem Fels gehauen, Wasserstollen führten durch Höhenzüge, die im Wege standen. Nach Wolkenbrüchen in den Bergen konnten die Flüsse zu verheerenden Fluten werden. Um zu verhindern, daß Ortschaften und Felder ins Meer gerissen wurden, wurden Dämme mit Schleusen angelegt. Staubecken fingen überschüssiges Wasser auf. Das größte dieser Becken war elfhundert Meter lang – ein See, von einem Damm gehalten, der an der Sohle vierundzwanzig Meter dick war. Was von Dämmen und Kanälen übrigblieb, erregt das Staunen derer, die heute Wasserwerke bauen. Der größte Aquädukt war über hundert Kilometer lang. Um diese Lebensadern zu verteidigen, waren auf Höhen Wächterstädte angelegt. Und dort, wo das Gebirge Einfallstore auftat, wurden Festungen erbaut. Dabei nutzten die Baumeister jeden Vorteil, den ihnen das Gelände bot. Heute sind diese Festungen zerfallen. Die ersten Spanier aber haben sie noch unzerstört gesehen.

Die Reste einer Festungsmauer, die ihresgleichen in Peru nicht hatte, wurde vor dreißig Jahren aufgefunden. Vom Flugzeug aus entdeckte Robert Shippee einen Wall, der in der Bucht des Santatales anfängt, die Wüste überquert und ins Gebirge ansteigt. Es

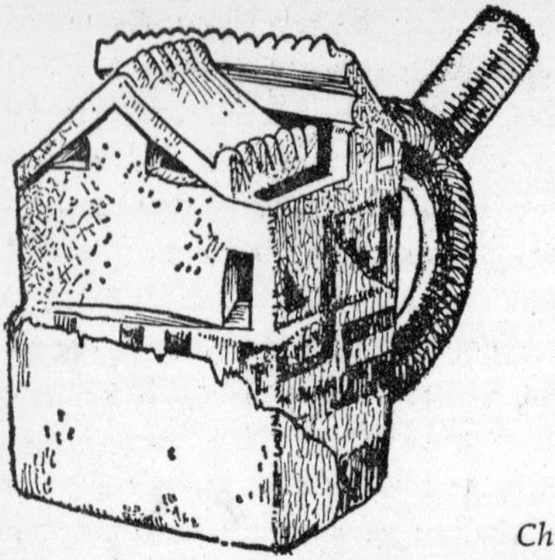

Chimu-Gefäß in Form eines Hauses

ist die große Mauer, mit der die Chimu ihr Reich zusammenhielten. Der zehnte Inka stürmte lange vergeblich gegen sie, ›bis ihm ein Licht aufging‹; er kam auf den Gedanken, dem Küstenvolk das Wasser abzugraben.

Die mächtigsten Yunkabauten aber waren nicht Wohnhäuser, Festungen und Wasserwerke, sondern Pyramiden. Wer von Trujillo aus nach Süden fliegt, sieht auf dem schmalen, tausend Kilometer langen Küstenstreifen viele hundert Hügel, die einmal Pyramiden gewesen waren. Sie alle sind aus Lehmziegeln erbaut, in mehreren Stufen, und in den größten stecken zwölf Millionen solcher Ziegel, die Adobes heißen. Nahe der Mündung des Jequetepeque standen siebzig Pyramiden unmittelbar benachbart. Dreißig standen in und um Chan-Chan. Im Chirastal erhob sich eine Pyramide, fast hundert Meter breit und hundertzwanzig Meter lang. Im Tal von Casma liegt ein unförmiger Berg, vor dreitausend Jahren die mächtigste aller Pyramiden in Peru. Es gibt nicht eine Pyramide, die unangetastet blieb. Nahe der einstigen Stadt Pacatnamu befindet sich eine auffallende Erhebung, die ›Huaca mit zwei Köpfen‹ heißt. Der Sattel in der einstigen Pyramide entstand durch Wühlereien von Schatzsuchern.

Die Pyramiden waren einst von großer Schönheit. Manche von ihnen hatten steile Wände. Meist führte eine Treppe von Norden her ohne Unterbrechung zur höchsten Plattform, die den

Altar trug. Da es im Küstenlande wenige Höhen gab, erbauten die Bewohner Hügel, um ihre Heiligtümer über ihre Wohnungen hinauszuheben. Sie rückten ihre Tempel in den Himmel, damit der Blick der Götter auf sie fiele. Benachbart mit den Pyramiden legten sie Grabhügel an, da auch die Toten Anteil haben sollten an den Himmelskräften, die auf die Pyramiden niederströmten.

Die Pyramiden waren Opferplätze. Hier wurde Blut vergossen, Gaben wurden dargebracht, viel Gold und Silber, besonders im Reich des Groß-Chimu, der Goldtribut aus dem Gebirge eintrieb. Die Beute, die der zehnte Inka nach der Niederwerfung der Chimu in Cajamarca zusammentrug, war nicht geringer als der Schatz, mit dem sich Atahualpa an der gleichen Stelle seine Freiheit von den Spaniern erkaufen wollte.

Aus kleinen Talherrschaften waren im Laufe von vier oder fünf Jahrhunderten drei kleine Königreiche an der Küste entstanden – nicht ohne Krieg, wie Bildgeschichten auf Gefäßen zeigen. Das mächtigste Reich, das Chimureich, zog sich fast tausend Kilometer hin: Vom Äquator bis zum Rio Pativilca. Noch heute gibt es Reste einer Straße, die alle wichtigen Orte miteinander verband. Vierundzwanzig Meter breit war diese Straße bei Chan-Chan. Gemäuer sicherte sie in der Wüste gegen Dünen. Sie führte weiter bis zum Nazcafluß, was darauf schließen läßt, daß die drei Königreiche miteinander in Verbindung standen, vielleicht verbündet und in Zeiten der mächtigsten Chimu sogar vereint. Die Inka haben diese Straße übernommen und ausgebaut. Das Kernland der Chimu waren die Täler des Chicama, des Moche und Viru. Allmählich wurden weitere Täler einbezogen, bis Urwald, Meer und Berge ein Gebiet umschlossen, das größer als das Reich des achten Inka war.

Die Mittelküste nahm das Reich der Völker ein, die in den Chroniken den Namen Cuismancu tragen. Die Flußtäler des Chancay, Ancon und des Rimac gehörten zu diesem kleineren Staat. In seiner Mitte lagen Heiligtum und Pilgerstadt des Gottes aus dem Meer, des großen Sprechers Pachacamac.

Im Süden war der Staat der Chincha. Die Chinchastämme waren kriegerisch, sie wehrten sich erbittert gegen die Bedrohung durch die Inka. Auch im Südreich gab es Pyramiden- und Terrassenbauten aus hartgebackenen, rechteckigen Lehmziegeln, die beim Verkauf bis in die jüngste Zeit den zehnfachen Preis von heutigem Baumaterial erzielten. Da die Sonnensöhne die Flüsse sperren konnten, kam auf die Dauer Widerstand dem Tode durch Verdursten gleich. Die kleinen Königreiche gingen im Inkareich auf. Die Kinder der Chimu, der Cuismancu und der Chincha mußten lernen, daß erst die Inka alle Städte und Pyramiden aufgebaut und alle Dämme, Straßen, und Kanäle geschaffen hätten.

Doch blieben alte Überlieferungen insgeheim lebendig, und als Chronisten die Küstenindianer nach ihren Vorfahren fragten, da tauchten überall Berichte über Fürsten auf, die mit Gefolge weither übers Meer gekommen waren.

Ins Lambayequetal kam in sehr früher Zeit ein Fürst, der Naymlap hieß. Er kam von Norden her auf vielen Flößen, mit Fürstin, Nebenfrauen, vielen Kindern und mit Kriegern, die ihm treu ergeben waren. Vierzig Würdenträger bildeten den Hofstaat. Da gab es einen königlichen Wegbereiter, den Thronwächter und einen Mundschenk, den Küchenmeister, den Bewahrer allen Schmucks, Sänftenträger und den Herold, den Fertiger von Salben und von Federmänteln, an denen Naymlap besonders viel lag. Der Muschelhornbläser hieß Pita Zofi. Einige Diener mußten gelben Muschelstaub auf alle Wege streuen, die Naymlap betrat; er sollte immer etwas aus dem Meere unter seinen Füßen haben, um nichts von seinen Kräften zu verlieren.

Naymlap kam nicht mit leeren Händen. Die Ankömmlinge brachten wunderbare Gewebe und Gegenstände mit, die nie zuvor in diesen Gegenden verfertigt worden waren. Das aber, was den Fremden selbst am teuersten war, das war ein grüner Stein, der die Gestalt des Fürsten hatte. Diesen Stein stellten sie in einem Tempel auf, den sie nicht weit vom Meer erbauten, inmitten einer Stadt. Sie legten Felder und Kanäle an und wurden reich.

Als Naymlap zum Sterben kam, nahm er sich Flügel aus den Wolken und flog davon. Das Volk ging, ihn zu suchen, und kam dabei auch in die Nachbartäler, und viele blieben dort, wo sie des Königs Stimme hörten. So mehrte sich das Reich. Der Sohn

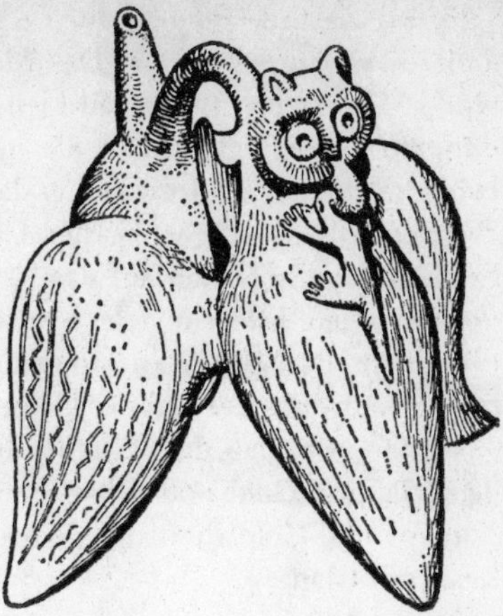

Mochica-Gefäß

und Erbe Naymlaps war Cium. Von ihm stammten zwölf Söhne, die zu Gründern bedeutender Geschlechter wurden. Als Cium nach langer Herrscherzeit sein Ende nahen fühlte, versetzte er sich selbst in ewigen Schlaf. Auf ihn folgten zehn weitere Herrscher. Der letzte, Fempellec, ließ sich dazu verleiten, das Bildnis Naymlaps, von dem auch er abstammte, den grünen Stein, an einen andern Ort zu schaffen. Der Himmel rächte sich: Ein Regen fiel, der dreißig Tage anhielt. Die Felder wurden in das Meer gerissen, das Volk litt Hunger, viele kamen um. Da stand das Volk gegen Fempellec auf und warf ihn in das große Wasser.

An der ganzen Küste war noch zur Zeit Pizarros das Gedächtnis an Könige lebendig, die über das Meer von Norden her gekommen waren, auch in der Gegend von Chan-Chan, von Rimac und von Nazca. Die Fremden brachten viel Erstaunliches mit. Von ihnen wurden auch die ersten Pyramiden in Peru errichtet: in Stufen wie in Mexico und Yucatan.

Das neue Land sah anders aus als ihre Heimat. Sie waren auf die wenigen Flüsse angewiesen und auf das Meer. Die Flüsse hatten in der Wüste grüne Streifen aufgeweckt. Die Einwanderer machten sich daran, sie zu verbreitern. Sie kratzten Wüstensand weg, bis sie Erde fanden, auf der sie Mais, Kartoffeln und viel anderes anbauen konnten. Das Meer half ihnen, daß genügend wuchs. Die Siedler ›pflanzten kleine Fische‹: mit kleinen Fischen düngten sie die Felder, und als sie an der Küste erst genügend heimisch waren, entdeckten sie, daß es für ihre Saaten besseren Dünger gab als kleine Fische: Guano, Vogelmist. Mit Guano brachten sie die Ernten auf das Dreißigfache. Nun konnten auch von wenigen Feldern viele Menschen leben. Und viele waren nötig, um Pyramiden zu erbauen, Festungen und Tempel und all die Städte aus der Zeit der kleinen Königreiche.

Wir wissen, daß dem Groß-Chimu sechstausend Indianer aus dem Gebirge Gold und Silber brachten. Ein Heer von Webern, Töpfern und Goldschmieden diente ihm und füllte Residenz und Reich mit Glanz.

Das Reich Chimu zerfiel, die kleinen Reiche gingen unter; Festungen, Städte, Pyramiden wurden zu Schuttbergen, Staubecken, Aquädukte und Kanäle verrotteten. Die Wüste rächte sich, sie rückte vor, sobald die Menschen einander das Leben streitig machten. Mit halbmondförmigen Dünen kam sie über Felder, Gärten, Städte und machte einen tausend Kilometer langen Küstenstreifen zu einem Königreich für Archäologen.

Ausgräber aus verschiedenen Kontinenten, vor allem Peruaner, Nordamerikaner, Deutsche und Franzosen, sind seit Jahrzehnten auf der Suche nach der Yunkawelt. Sie war zum Teil bereits versunken, als Pizarro kam. Die Inkaherrschaft hatte viel geändert, und auch schon als die Inka kamen, hatte die Kunst der Weber,

Mochica-Malerei

Kultstab mit geschnitztem Gott

Goldschmiede und Töpfer ihren alten Glanz verloren. Manche Werkstatt der Chimu war zur Fabrik geworden, die Krüge und Geräte massenweise auf den Markt warf.

Am längsten hielt das eigene sich im Süden. Die Chincha blieben bis zuletzt den alten Göttern treu. Und an der Mittelküste blieb der große Sprecher, der aus dem Meer gekommen war, bis in Pizarros Zeit weithin verehrt. Alle Dörfer, die näher als dreihundert Wegstunden zum Pachacamactempel lagen, brachten ihm jährlich ihre Opfer dar.

Am 1. Februar 1533 kam Hernando Pizarro auf seinem Ritt von Cajamarca an die Küste zum Heiligtum des großen Sprechers. Die Reiter wollten Schätze aus dem Tempel holen. Dort traten ihnen Priester in den Weg. Hernando drang mit seinen Reitern ein. Durch mehrere Tore, über breite Treppen gelangten sie in einen Hof, in dem ein Brunnen war. Goldverzierte Pfähle trugen ein Geflecht; so war der Brunnen vor dem Blick der Sonne sicher. Hinter dem Brunnen war das Allerheiligste verborgen. In finsterer Höhle hockte dort ein Gott aus Holz, mit Blut beschmiert. Die Spanier rissen ihn ans Licht und machten ihn auf dem Brunnenhof zu einem Häufchen Asche. Für die Eroberer war

Pachacamac ein Götze, mit dessen Hilfe die Orakelpriester das Volk betrogen, auch den Inka. Sie ritten eilig weiter.

Dreihundertfünfzig Jahre später kamen Forscher an die gleiche Stelle. Sie standen vor Ruinen, alle Pracht war fort. Sie waren auf Trümmer angewiesen, auf Gewebfetzen und Scherben. Ein deutscher Ausgräber, Max Uhle, fing in Pachacamac damit an, von Scherben abzulesen, was gewesen war. Er wollte Ordnung in die Funde bringen, und da er auch im Norden und im Süden grub, kam er zu einem ersten Überblick. Erst durch ihn wissen wir, daß jene Krüge aus dem Mochetal, die wie lebendige Köpfe wirken, älter sind als Inkakrüge. Aus der Nazca-Region waren nur ein paar Krüge aufgetaucht, und niemand konnte sagen, aus welcher Zeit. Uhle brachte erstes Licht in dieses Dunkel.

Auf ihn folgten viele andere Forscher. Zum größten Entdecker wurde der Peruaner Julio Tello. Auf der regenlosen Halbinsel Paracas fand er unterirdische Häuser, Speicher, Flüsse, eine unversehrte Totenstadt. In tiefen Felskammern mit Kuppeln und in rechteckigen Räumen hockten Hunderte von Toten, in kostbare Gewebe eingehüllt. Manche der Toten hatten überhöhte oder abgeflachte Schädel, und einige Schädel waren aufgemeißelt und mit Gold verschlossen. Auch in Mund und Augen war Gold eingesetzt. In Peru wurden Totentücher von so großer Schönheit kein zweites Mal entdeckt, wenn auch die Toten an der ganzen Küste verschwenderisch mit Grabbeigaben ausgestattet waren.

In der Huaca de la Cruz, bei Schatzsuchern als ›geiziger Haufen‹ in Verruf, fand der Amerikaner Strong ein Fürstengrab. Der Tote war in feine Baumwollstoffe und in Schilfmatten gehüllt. Rings um den Toten standen Krüge, Kästen, Federfächer, Kürbisflaschen und ein Kultstab mit geschnitztem Gott, der einen Knaben zum Begleiter hat.

Die Toten waren stets sorgfältig ausgerüstet. Erst kürzlich wurde in einem Grab der Nordküste ein Priester gefunden, gehüllt in ein Gewand aus dreizehntausend goldenen Schuppen. Der Tote war zum goldenen Fisch geworden, der in das Meer der Ewigkeit eintaucht.

In den Händen einer Toten, die so alt geworden war, daß sich ihre Zahnlöcher bereits geschlossen hatten, fand man drei

Farbklumpen: Weiß, Blau und Rot, an ihrer Seite Reste eines Webrahmens. Auf ihren Schultern trug sie Kupferblätter und im Mund ein kleines Kupferstück. Die Gräber geben viele Rätsel auf. Die Bilder auf den Tüchern und Gefäßen sind für uns nicht zu verstehen. Sie deuten über dieses Leben hinaus in eine weitere Welt. Die Indianer an der Küste liebten alles Irdische, doch mehr noch den Himmel.

Es gibt im Süden, mitten in der Wüste, geheimnisvolle Linien. Sie wurden vom Flugzeug aus entdeckt. Die Wüste ist dort dunkel, von Steinen übersät. An manchen Stellen sind die Steine

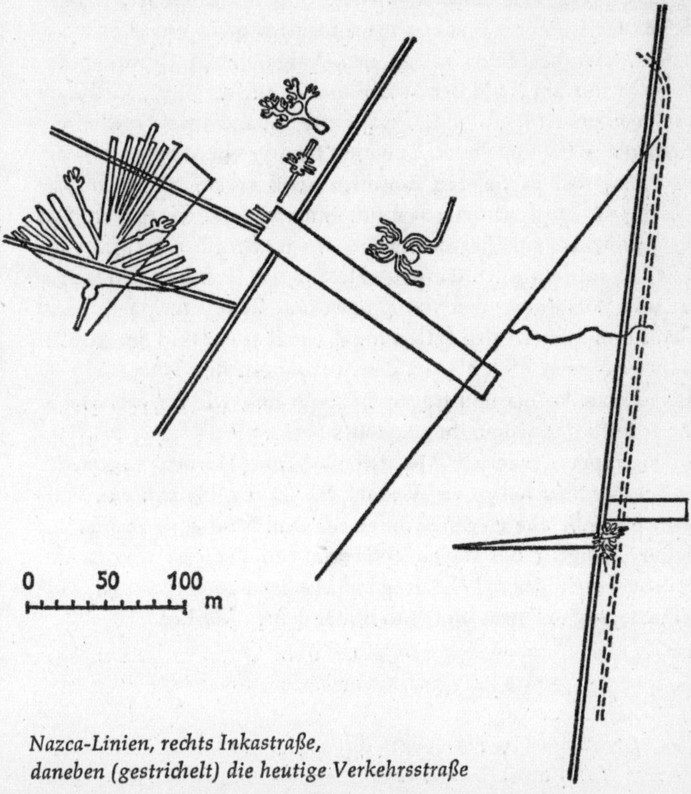

Nazca-Linien, rechts Inkastraße,
daneben (gestrichelt) die heutige Verkehrsstraße

weggenommen. Aus großer Höhe werden Bilder sichtbar: helle Linien, die von Hügeln in verschiedene Richtungen laufen, als seien sie auf der Suche nach bestimmten Punkten; Tiere und Kakteen, alle riesenhaft; ein Wal, von einer Harpune getroffen; ein Kolibri mit fünfzig Meter langen Flügeln. Manche Bilder sind Hunderte von Metern lang, das längste mißt achttausend Meter. Nur aus dem Himmel sind sie ganz zu sehen. Sie wurden für Götter aus dem Wüstengrund gescharrt – zu einer Zeit, in der sich Menschen noch nicht in die Luft erheben konnten.

Seit vielen Jahren suchen Forscher nach dem Sinn der Wüstenbilder, die überkrustet sind vom salzigen Hauch des Meeres. Da manches Bild von einer Inkastraße durchschnitten ist, müssen die Bilder schon zu Inkazeiten niemandem mehr etwas bedeutet haben. Manche Linien zeigen den Aufgang von Gestirnen an.

Nicht nur am Rand der Wüste und in Küstentälern wird nach der Yunkawelt geforscht. Auf einer Guano-Insel suchte ein Archäologe im Vogelmist. Zunächst fand er ein Wappen aus der Zeit Pizarros. In tieferen Schichten stieß er auf altperuanische Gefäße. Guanoschichten geben nur einen ungefähren Anhalt. Das feste Land ist zuverlässiger. Dort, wo noch nichts zerwühlt ist, läßt sich mit einiger Sicherheit ablesen, was früher und was später war. Aus Tausenden von Krügen und Geweben, Masken und Gerät und Mauerresten setzen die Ausgräber ein Bild der Yunkawelt zusammen. Sie blicken den Bewohnern der Totenstädte in das dunkle Antlitz und fragen sie: Sagt uns, wie ihr gelebt, was ihr gedacht und woran ihr geglaubt habt!

Die Lippen mancher Mumien sind mit Dornen zugesteckt. Ausgräber aber haben viel Geduld. Sie fragen, bis sich eine Antwort einstellt. Sie fragen: Töpfer aus dem Mochetal, was ist auf deinen Krügen? Sie fragen: Weberin von Paracas, was ist auf deinen Totentüchern? Sie fragen: Maskenmacher von der Mittelküste, sag uns, was birgt sich hinter deinen Masken?

Geheimnisse der Yunkawelt

So sagt der alte Töpfer aus dem Mochetal: Meine Krüge wissen mehr als ich – sie haben nichts vergessen. Sie können euch vom Yunkaland erzählen. Jeder Krug weiß eine andere Geschichte, denn niemals habe ich zwei Krüge gleich gemacht. Ihr fragt, warum? Weil auch kein Baum dem andern gleich ist, kein Vogel einem zweiten Vogel, und nicht einmal zwei gleiche Sterne gibt es, und dabei sind am Himmel so viel Sterne, daß niemand alle zählen kann. Pachacamac, der Schöpfergott, der aus dem Meer kam, hat die Yunka-Erde so gemacht, daß nicht ein Ding dem andern gleicht. Wie können da wir Töpfer, die seine Gehilfen sind, es anders machen wollen? Wer ein Ding wie ein zweites Ding macht, hilft dem Tod, dem Gleichmacher, und so einer verliert die Kraft, etwas Lebendiges zu machen. Das ist die erste Regel, die der Töpfer lernt.

Ich lernte sie von meinem Vater. Ihm sah ich beim Krugmachen zu. Er nahm mit seinen Händen einen Klumpen Ton, in dem kein Leben war. In seinen Händen wurde er lebendig. Aus einem toten Klumpen wurde ein kleines Haus, ein Kopf, ein Kürbis, Musikanten oder auch ein Krug, auf dem nichts war. Dann nahm der Vater Farben, Pinsel – und auf dem Kruge waren plötzlich Fische oder Füchse, die miteinander tanzen, oder Bohnen, die um die Wette laufen. Wenn die Geschichte fertig war, dann kam der Krug ins Feuer, und nun konnte der Krug nichts mehr vergessen. Ich lernte viele Jahre bei meinem Vater, bis ich Krüge machen konnte, die lebendig waren, und von mir lernten meine Söhne.

Nun aber sollen meine Krüge reden: vom Yunkaland und von den Yunkaleuten, vom Yunkaleben, wie es war zu meiner Zeit.

Das Yunkaland liegt zwischen Wüsten, es liegt am Meer. Die Yunkaleute wohnen in den Tälern, und wo die Flüsse sind, da gibt es Städte. In der Wüste ist viel Sand, viel Wind und wenig Leben. Doch unerschöpflich ist das Meer, aus dem der Schöpfergott hervorkam. Die Hände meines Vaters, meine Hände, die Hände meiner Söhne und Enkel reichen nicht aus, um alles nachzubilden, was im Meer ist: Flundern, Aale, Meerschatten und tausend andere Fische, Rochen und Haie, vor denen man sich hüten muß, und das geheimnisvolle große Tier, das Bäume aus dem Wasser wachsen läßt. Yunkaleute sind heimisch auf dem Meere, weil sie Fischer sind. Mit Flößen fahren sie hinaus und ziehen Netze hinter sich her. Sie fischen auch mit Kormoranen. Am Floßrand sitzen diese gelbschnäbeligen Seeraben auf der Lauer, sie stoßen in das Wasser, wenn ein Schwarm vorbeizieht, und da sie rascher sind als mancher Fisch, so tauchen sie mit Beute auf – ein Ring an ihrem Hals verhindert, daß sie ihre Beute schlucken: der Fischer hat den Fisch ... der Kormoran sitzt wieder auf der Lauer und taucht wieder, bis ihm der Fischer seine Beute läßt. Mancher Fischer macht es sich nicht so leicht. Er trägt sein Boot auf seiner Schulter zum Meere hin. Es ist ein Boot, das sich leicht tragen und leicht rudern läßt, aus Schilfbündeln gemacht. Mit Angelschnüren, an denen Kupferhaken sind, fischt der Fischer, bis ihn der Wind nach Hause treibt. Sein Binsenboot hüpft durch die Brandung. Unter den Fischern gibt es kühne Burschen, die es mit dem Hai aufnehmen. In ihrem Boot liegt

Mochica-Malerei: Wüstenszene

Mochica-Malerei: Robbenjagd

immer die Harpune. Zu manchen Zeiten kommen Robben an die Küste. Die Fischer werden dann zu Jägern, die mit Keulen die Robben einkreisen. Auch auf Leguane wird Jagd gemacht. Das ist nicht ungefährlich, weil der Leguan um sich beißt, wenn er angegriffen wird. Einfacher ist es, Eidechsen nachzustellen oder Schnecken einzusammeln, kleine Spieße in der Hand und einen Korb am Arm. Die Yunkaleute lieben Abwechslung und wissen, was gut schmeckt.

Bei der Jagd auf Wild ist der gewöhnliche Mann nur Treiber. Jäger sind die Vornehmen; sie jagen in kostbaren Kleidern, als ginge es zu einem Fest. Im Dickicht werden Netze aufgestellt, und dann beginnt die Hatz mit Treibern und mit Hunden. Andenrehe, kleine Hirsche, Hasen werden mit Speeren erlegt, von Wurfbrettern geschleudert; mit Keulen wird das Wild, das in die Netze ging, getroffen. Nur Füchse sind vor Jägern sicher, da sie dem Mond gehören wie die Eulen und alle andern Tiere, die bei Nacht aufwachen. Hüten muß der Fuchs sich vor dem Hund, der wie er selbst ein Mondtier ist. Immer wieder gibt es Ärger für den Mond, wenn einem Hund ein Füchslein vor die Nase läuft. Es wird gehetzt, bis ihm die Zunge aus dem Maul hängt. Und manchmal geht's ihm an den Kragen.

Auch an den Flüssen wird gejagt: auf Wasservögel und auf Fische. Die Wasservögel machen selber Jagd. Da fährt ein Reiher wie ein Windstoß durch das Wasser. Erschrocken sehen Wasserblumen zu. Wie mit zwei Messern faßt der Reiher seine Beute. Im Wasser wimmelt es von Fischen, Lurchen, Fröschen – kein Wunder, denn der Fluß stammt aus dem Meer. Der Regen, der die Flüsse wachsen läßt, kommt aus den Wolken, Wolken aber kommen aus dem großen Wasser.

So sagen es die Priester: Der Schöpfergott, der aus dem Meer kam, leitete die Yunkaleute an, Städte und Tempel zu erbauen und Kanäle anzulegen, damit die Küstentäler breiter werden, damit viel auf den Feldern wächst – Mais, Maniok, Gewürze, Kürbisse, Melonen, Baumwolle und Agaven. Das Meer vertreibt mit seinem Hauch den Wüstenatem. Das Meer gibt kleine Fische, Vogelmist, daß niemand aus dem Yunkavolk zu hungern braucht. Auch nicht die Mäuse. Sie holen sich Maiskörner, Erdnüsse, sogar Melonen.

Der Töpfer aber macht die Maus, die eine Nuß knabbert, denn auch die Mäuse hat der Schöpfergott gemacht. Nichts, was da lebt, ist so gering, daß es der Töpfer übersehen dürfte. Das ist die zweite Regel, die er lernt. Der Töpfer sieht die Schildkröte, die auf dem Rücken liegt und mit den Füßen und dem Kopf versucht, sich umzudrehen. Er sieht den Tölpel, der die Flügel schützend über seine Jungen breitet, das Rehkitz, das gesäugt wird,

Mochica-Malerei: Jagender Reiher

Seehunde, die im Sande spielen, schlafende Vögel, auch den Puma, der einen Wanderer überfällt. Was wächst und sich bewegt im Yunkaland, das geht in seine Krüge ein. Auch was die Yunkaleute treiben, wie sie leben, wovon sie träumen. Da zupft ein junger Mann den Flaum von seinem Kinn, und eine junge Frau wäscht sich ihr Haar, das Wasser dampft, im Wasser ist Agavenblut, das ihre Haare weich wie Wind macht. Ein Kind sitzt da und sucht nach einem Sandfloh zwischen seinen Zehen.

Auf andern Krügen: Männer ziehen einen Pfahl und reißen mit ihm Furchen in den Acker. Ziegel werden aus Lehm gestochen; für Ziegel ist der Blick der Sonne gut; er macht sie hart wie Stein. Ein Haus wird da gebaut mit offenen Fenstern, offener Tür und leichtem Dach. Kein Eiswind ist zu fürchten, selten Regen – nur Erdbeben, und deshalb ist das Dach aus Schilf: damit es nicht weh tut, wenn es auf den Kopf fällt.

Zu fürchten sind auch keine Diebe. Falls aber wirklich einmal einer etwas wegnimmt, das nicht ihm gehört, dann ist der ganze Ort hinter ihm her. Ein Stock mit grünen Blättern wird dann in der Straße aufgepflanzt, in der etwas gestohlen wurde, und alle Winkel werden nach dem Dieb durchstöbert. Weh dem, der ihn versteckt! Ihm geht es wie dem Dieb selbst. Erst kommt er an den Schandpfahl, um seinen Hals den Strick, den ein Blinder in der Hand hält. Der Strick wird Stunde um Stunde fester zugezogen. Für kleinere Vergehen gibt es Schläge mit scharfen kantigen Steinen. Wenn ein Hochgestellter sich etwas zuschulden kommen läßt, dann steht ihm frei, sich aus der Welt zu schaffen; damit ihn keine Henkerhand berührt, stürzt er sich selbst in einen Abgrund. Die schlimmste Strafe trifft den, der an Kanälen oder Dämmen Schaden anrichtet. Ihm wird bei lebendigem Leibe das Gesicht genommen, weil er das Leben vieler in Gefahr gebracht hat.

Die Küstenleute leben gern. Sie hängen an ihren Kindern, ihrem Haus und ihren Feldern, ihren Tieren, ihrer Scheune. Sie handeln gern und unternehmen weite Reisen, auch auf dem Meere. Ihre Waren wiegen sie mit hübschgeschnitzten Waagen ab, an denen Netze hängen. Kupferstückchen, Säckchen mit Gewürz und Mais sind die Gewichte. Wie an den reichen Kleidern

Tumi (Zeremonialmesser): Darstellung einer Schädelaufmeißelung

leicht zu sehen, bringen es Händler im Yunkalande zu Vermögen. Auch Weber, Töpfer, Schmiede brauchen nicht zu hungern – noch für den Bettler ist ein Platz im Yunkaland. Küstenleute lieben Tanz, Musik und Lärm. Spaßmacher und Tänzer ziehen weit umher, Musikanten finden sich zu allen Festen ein. Mit Trommeln und Trompeten, Panflöten und Rasselstäben und mit Glokken wird der Alltag vertrieben. Es geht hoch her, auch wenn die meisten nur Fetzen auf dem Leibe tragen. Mancher gießt so viel Cabuyasaft in sich hinein, daß er nicht mehr allein nach Hause findet. Zwei andere nehmen ihn in ihre Mitte und zeigen ihm den Weg.

Nichts übersieht der Töpfer: Wie ein Kind zur Welt kommt, wie die Mutter das Neugeborene wäscht, wie sie es zum Arzt bringt ... Da braut ein Arzt aus Kräutern einen Trunk. Ein anderer wagt es, einen Schädel aufzumeißeln. Er weiß, was auf dem Spiel steht; wenn ihm der Eingriff nicht gelingt, dann wird er mit dem Opfer seiner Kunst begraben, weil er zum Handlanger des Todes wurde.

Ein Krug erzählt, wie es im Kriege zugeht. Ein Mochicakrieger hat seinen Gegner mit der Keule so getroffen, daß er die Flucht ergreift. Mit blutigem Kinn, entsetzten Augen läßt er seine Waffen fallen, er löst sich auf, der Schutzgeist des Mochicakriegers stürzt auf ihn herab, damit er nicht entkommt. Bald wird der Fliehende ein Gefangener sein, an Stricken wie ein Tier geführt, bis ihm sein Los zuteil wird: auf Guano-Inseln Vogelmist abzutragen oder auf einer Pyramide als Opfer zu verbluten. In goldener Schale wird sein Blut einem Seeadler angeboten — als Gabe an das Meer und an den Mond. Der Seeadler holt sich das Rote aus der Schale, er trägt es übers Meer hin in den Himmel, der Mond erstrahlt in neuem Glanz, und neues Leben fängt im Meer an. Um Leben zu vermehren, werden Menschen, Lamas, Früchte, Goldgefäße dargebracht. Um Leben zu vermehren, pflügt der Bauer, webt der Weber, macht der Töpfer Krüge.

Und nun will ich vom ersten Töpfer reden. Als Pachacamac den Mochefluß erschaffen hatte, da machte er sich, weil er Durst

Mochica-Malerei: Fliehender in voller ›Auflösung‹

verspürte, einen Krug. Er schöpfte Wasser aus dem Fluß. Nun war im Kruge Leben. Und weil der Schöpfer wollte, daß der Krug auch außen lebendig sei, gab er ihm ein Gesicht. Er sah dabei ins Wasser und sah sich. Es waren seine Züge, die der Krug bekam. Dem Schöpfergott gefiel der Krug so sehr, daß er in seiner Freude den Mochicamenschen machte, und ihm gab er den Krug als Kopf. Das ist der Grund, warum wir Töpfer aus dem Mochetal so viele Krüge machen, die Menschenköpfe sind: Fürsten und Priester, Mächtige und Weise. Blinde, Leidende, Entstellte, solche, deren Geist verwirrt ist oder hinter deren Stirn gefährliche Gedanken lauern. In Wahrheit macht all diese Krüge Pachacamac, der auch den ersten Krug gemacht hat. Nur nimmt er für die vielen Krüge unsere Hände.

Mehr weiß ich nicht, ich alter Töpfer aus dem Mochetal.

So sagt die alte Weberin von Paracas: Mir haben sie drei Klumpen Farbe mitgegeben, als ich von einem Land ins andere ging: weiße, blaue, rote Farbe — den Tag, die Nacht, das Leben. Das bedeuten diese Farben auf den Tüchern, die wir Weberinnen weben. Jede Farbe muß an die rechte Stelle kommen, so wie beim Reden jedes Wort an seinen Platz; sonst bleibt, was da gewebt wird, ohne Sinn. Die Tücher sind Geschichten, die von dem Land erzählen, in dem ich nun weile.

Siebzig Jahre lang habe ich im Yunkaland gewebt. Zuerst sah ich der Mutter zu, wie sie den Webrahmen an ihrem Gürtel und an der Hausdecke befestigte oder mit einem Gurt an einem Pfahl, der vor dem Haus stand; wie sie ein kleines Schiffchen durch die Fäden hin- und herfahren ließ und dabei Lieder sang. Sie machte mir einen kleinen Webrahmen und schenkte mir ein kleines Schiffchen. Sie lehrte mich das Weben und die Lieder. Erst webte ich nur einfache und kleine Tücher. Die Tücher wurden mit mir größer, und schließlich webte ich wie meine Mutter Tücher, zu denen tausend Tage nötig sind. In diese Tücher werden die Toten eingehüllt, damit nicht böse Geister ihnen etwas anhaben können, solange sie noch auf dem Weg ins Totenland sind. Denn durch den Tod sind sie betäubt, sie brauchen Ruhe, um wieder zu sich zu kommen — in ein neues Leben. Aus diesem

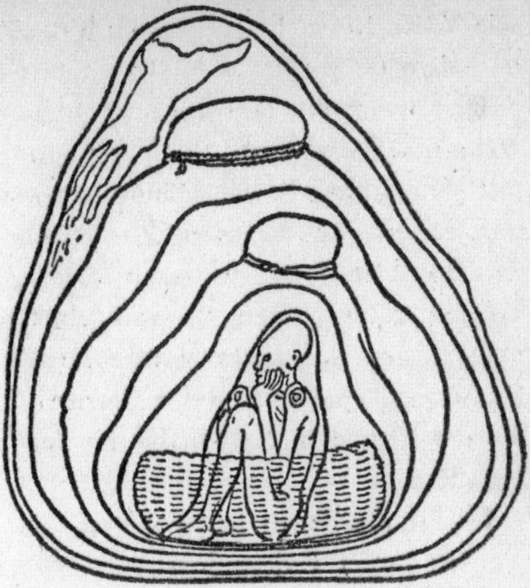

Mumie,
in Gewebe eingehüllt

Grund sind Fische in die Tücher eingewebt, denn Fische bringen aus dem Meer das Leben. Deshalb sind Vögel in die Tücher eingewebt, denn Vögel bringen von den Feldern Mais und Korn. Türen sind in die Tücher eingewebt, ein Eingang und ein Ausgang. In hundert Bilder ist der Tote eingewebt, er ist umschwärmt von Nachtschwalben und Kolibris, die ihm ein neues Jahr verkünden, von Kaulquappen und Bohnen, die rasch wachsen, von Tausendfüßlern, die nicht müde werden, von Geistern, die ihn vor dem Bösen schützen. Die Geister haben Katzenaugen, um im Dunkel gut zu sehen, sie haben Hundezungen, Atem einzuhecheln, sie haben Menschenfüße, um den Weg zu finden, sie haben Flossen, um rasch hinzukommen ins Totenland. Im Land der Toten ist ein großes Meer. Die Fischer fahren dort auf Booten aus, die so lebendig sind wie sie. Zwei Köpfe hat das Boot, damit es reden kann mit Wind und Wasser. Auf solchen Booten fahren Fischer hin zu Tempeln, die lebendig sind; von Schlangen werden ihre Dächer hochgehalten. Läufer bringen Bohnen, die mit den Boten um die Wette laufen. In alle Bohnen sind Botschaften eingeritzt. Mit solchen Bohnen spielen Geister das Bohnenspiel. Die Bohnen hüpfen über Dünen, Kakteen, heben sich wie Vögel in die Luft, denn auch die Wüste im Totenland ist voller Leben.

Und wenn ein Fest anbricht, nehmen die Totengeister Rasselstäbe und Trompeten, die Toten stimmen ihre Lieder an, Tänzer mit Federstäben in den Händen tanzen einen Tanz, bis Flügel aus den Federstäben werden. Zu Vögeln werden die Tänzer durch den Tanz, und sie vergessen, daß sie tot sind. Die Tücher sind von ihnen abgefallen, sie sind dem Grab entschlüpft. Wie Vögeln steht ihnen der Himmel offen, sie schwingen sich bis an den Mond und spielen mit den Sternen. Die Nacht ist für sie heller als der Tag. Die Nacht, das ist der Tag der Toten, und er hat kein Ende.

Damit die Toten leicht genug sind, um sich aufzuschwingen, werden ihnen Federmäntel mitgegeben. Ein einziger Mantel ist aus vielen tausend Federn: Federn vom Kolibri, von denen zwanzig nötig sind, um einen Fingernagel zu bedecken, Federn vom Camantiva, der blaue Flügel hat mit leuchtend roten Tupfen und

Mochica-Malerei: Totengeister mit Flöten und Rasselstäben

Mochica-Malerei:
Krieger, zu einem Vogel werdend

einen grünen Kopf, gelbe Chaynafedern, weiße Tandiafedern – hundert Vogelschwingen tragen den Toten durch das Totenland, und selbst die schwarzen Federn sind voll Glanz. Das Land der Toten ist ein Land der Freude. Es steht für alle offen, nur für einen nicht, den Tod. Der Hinkende, der schon im Yunkalande viele Jahre braucht, bis er einen Menschen einholt – dort drüben hat er keinen Zutritt.

Der Tote ist in einem Meer, das tiefer als das Meer ist; er ist in einer Wüste, die von Leben überquillt. Kakteen senden goldene Schlangen aus, die Sterne sind wie Blumen, die nicht welken, wie halbe Monde ziehen Füchse über Dünen, in denen sich Fische wie in Wellenbergen tummeln. An Wasser ist kein Mangel. Der Regengott winkt seinen Regenknaben, die schleppen Krüge her und stellen sie bereit. Windgeister balgen sich um Wolken, und wenn der Regengott sich eine Wolkenkappe aufsetzt, füllt sich der Himmelstrichter zwischen seinen Augen, und alle Krüge quellen über.

All diese Bilder sind auf dem großen Totentuch, in das auch ich nun eingehüllt bin. Es ist das Tuch, das Pachacamac webte, als er aus dem Meer kam. Das war am ersten Tag, und es war so: Er wischte sich das Wasser aus den Augen und blickte auf, und über sich sah er so große Finsternis, daß er erschrak. Da webte er den Himmel mit den Sternen und deckte mit ihm alles Finstere zu. So wurde er zum ersten Weber. Er hat das Tuch gemacht, das alles Leben einhüllt. Für alle anderen Tücher nahm er unsere Hände. Er selber hat ein Tuch gewebt, in dem kein Bild vergessen ist. Das Weiße, Blaue, Rote sind auf ihm nur eine Farbe.

Mehr weiß ich nicht, ich alte Weberin von Paracas.

So sagt der Maskenmacher von der Mittelküste: Ich will von dem reden, der hinter allen Masken ist, vom großen Sprecher. Was ich von ihm weiß, weiß ich von den Priestern, durch die er spricht.

Sie sagen, daß vor Pachacamac ein anderer Gott war. Er hieß Con und war ein Gott, der jegliche Gestalt annehmen konnte, da er wie eine Wolke war – gestaltlos. Am Meer hatte er gutes Land erschaffen, und seine Menschen hatte er sehr schön gemacht. Als diese Menschen gegen ihn aufstanden, da wurde Con von Zorn so überwältigt, daß eine Flut entstand, die alle Menschen in das Meer riß. Con machte, daß es an der Küste nie mehr regnete. So wurde alles Küstenland zur Wüste. Doch nun kam aus dem Meere Pachacamac, und er vertrieb den Gott, der über seinem Zorn vergessen hatte, daß Gott Erbarmen mit den Menschen haben soll. Pachacamac ließ aus den Bergen Flüsse in die Wüste kommen. Dann holte er sich Menschen aus dem Himmel. Drei Eier, groß wie Sterne, fielen in das Yunkaland, ein goldenes, ein silbernes, ein Kupfer-Ei, und aus ihnen kamen alle Yunkaleute: die Könige, die Fürsten und das Volk. Pachacamac sah, daß seine Menschen Hunger hatten. Er holte aus dem Meer, was dort von jenen Menschen übrig war, die Con erschaffen hatte. Pachacamac säte Zähne aus, und es wuchs Mais, er pflanzte Knochen, es wuchsen Maniokstraucher und Kartoffeln, er säte Köpfe, und es wuchsen Kürbisse. Nun konnten Menschen an der Küste leben. Für jeden Menschen schuf er einen unsichtbaren Bruder, der ihn begleitet, daß er nicht vom Wege abkommt. Da aber alle Menschen aus drei Sternen ausgeschlüpft sind, ist in ihnen das Leuchtende, das Illa heißt; und wenn ein Mensch zurückkehrt in die Sterne, bricht es aus ihm heraus. So ist das auch bei meinen Masken. Erst wenn die Form zerbrochen wird, in die das flüssige Gold gegossen war, leuchtet die Maske auf.

Als ich noch Masken machte, lebte ich in der Stadt beim Pachacamactempel, der in der Mitte aller Yunkalande steht. Oft zog ich mit den Pilgern hin zum Tempel. Sie brachten ihre Fragen vor den Gott. Und wenn der große Sprecher ihnen Antwort gab, dann war die Maske, die der Priester trug, von großem Glanz. Auch die Gesichter derer, die gekommen waren, wurden hell, als käme Licht aus ihnen. Doch alles Licht kommt aus dem großen Sprecher, so wissen es die Priester.

Pachacamac ist ein Gott, der mit dem Menschenvolk Erbarmen hat. Er ist ein Gott des Friedens, nicht des Zornes. Die Pilger, die zu seinem Tempel unterwegs sind, dürfen keine Waffen tragen. Unbehindert ziehen sie durch feindliches Gebiet. Der große Sprecher löscht das Feuer aus, das über Land und Städte kommen will, den Krieg. Er sänftigt auch den Blick der Sonne, auf daß nicht alles Land zur Wüste werde. Er ist der Erderhalter, und er gibt den Menschen Antwort. Als sie zum erstenmal zu ihm kamen und ihn befragten, wie sie leben sollten, war seine Freude groß. Auf seinem Angesicht erschien ein Glanz, der sich in pures Gold verwandelte: zur ersten Maske. Statt einer Antwort gab der Orakelgott den Menschen sein Gesicht. So wurde er zum ersten Maskenmacher.

Mehr weiß ich nicht, ich Maskenmacher von der Mittelküste.

Chimu-Gefäße

Das Reich der Riesen

Zu Pachacamac, der die Yunkawelt erschaffen hatte, kamen auch Pilger aus dem peruanischen Hochland. Sie zogen in das Rimactal, den großen Sprecher zu befragen. In alle Küstentäler führten Wege, die älter waren als die Inkastraßen. Auf ihnen zogen Lamas mit Opfergaben oder Handelswaren – gelegentlich auch Kriegerhorden. Diese Wege verbanden Meer und Puna, Lehmziegelpyramiden mit granitenen Städten. In welcher Richtung sie zuerst begangen wurden – niemand kann es sagen. Welche Städte die älteren Städte sind, das weiß kein Mensch.

Auf den Ruinenfeldern im Hochland liegen Blöcke mit Flächen glatt wie Glas, mit messerscharfen Kanten, viele Tonnen schwer. Wer sie zum erstenmal sieht, der denkt an Riesen. Und da sind Riesen: steinerne Gestalten, fünf oder sieben Meter hoch, von rätselhaften Zeichen überdeckt. Und Tore, jedes Tor aus einem Stein geschlagen, gigantische Tore. Und doch ist nicht ein Tor für Riesen groß genug. Sogar ein Mensch von Mittelmaß hat Mühe durchzukommen. In einem dieser Tore mißt die Öffnung sechzig mal vierzig Zentimeter. Das Tor heißt Puma Punku: Löwentor. War es ein Tor für Löwen – für den Gott, der in der Felswelt die Gestalt des Puma annahm?

Die Steintore, steinernen Gestalten und Blöcke stehen in einer Öde ohne Baum und Strauch, der Sonne und den Winden preisgegeben, die von Gletschern kommen. Risse, Klüfte, Höhlen sind im Fels, und in der Tiefe grollt es. Diese Welt ist noch im Werden. Es ist die Welt des Kondors, eine nackte Welt hoch über Wüstentälern und dem Urwald. Sie liegt zwischen Bergen eingeschlossen, leblos, grau. Doch in dem Augenblick, in dem die Sonne aufgeht, zeigt sich, was in ihr steckt. Dann brechen Farben aus dem Grau. Mit roten, blauen, gelben, schwarzen Tönen singt die Puna ihr Morgenlied: Ich bin am Leben.

Hier oben, in viertausend Meter Höhe, hat Peru sein Auge, weit offen und dem Himmel gegenüber: den Titicacasee. Das große Auge gibt der Öde Leben. Es holt den Himmel auf die Erde und die Eisgipfel vom Horizont: Eine Treppe aus Silberstufen spiegelt sich im See, und über diese Stufen stiegen am ersten Tag der Welt die Sonne und der Mond ins Firmament. Der Schöpfer hat sie auf den beiden größten Inseln im See gemacht, so erzählt die Sage.

Der See ernährt die Menschen, die an seinen Ufern wohnen, gibt ihnen Fische, Vögel und das Schilf, aus dem sie ihre Boote, ihre Segel und die Hüttendächer machen. Auf Schilfflößen in schwer zugänglichen Verstecken leben noch heute Urus, die von Anfang an da waren, und es ist leichter, einen Hecht aus einem

Steinerner Koloß von Tiahuanaco

Uferloch zu locken als einen Uru aus dem Schlupfwinkel, in dem er fischt und haust.

Heute ist der See zweihundert Kilometer lang. Er war einst größer. Noch zur Zeit des vierten Inka schlugen seine Wellen an die Stufen einer Treppe, die zu den Tempeln mit den mächtigen Steingestalten führte. Doch auch der Inka sah den Tempel nur noch als Ruine. Auch alle andern Tempel und die Pyramidensockel, die sich am Südufer des Sees erhoben hatten, waren bereits zerstört, als Mayta Capac auf sie stieß.

Wer hatte sie erbaut? Die Stämme in der Nachbarschaft erzählten, was sie wußten. Sie sprachen von der Zeit der Finsternis, ›noch ehe die Sonne war‹.

Die Stadt heißt Tiahuanaco. Wie alt der Name ist, kann niemand sagen. Er ist so rätselhaft wie die Gestalten und die Tore.

Die Inka legten auch auf Tiahuanaco ihre Hand. Die Weltveränderer erklärten sich in späterer Zeit zu Gründern der geheimnisvollen Stadt. Die Umdenker in Cuzco erfanden einen Ursprung, der dem vierten Inka zum Ruhm gereichte. Sie erzählten: Mayta Capac empfing am Südufer des Titicacasees eine wichtige Botschaft. Mit letztem Atem brachte sie der Läufer vor. Der Inka lobte seine Schnelligkeit und sagte zu ihm: Tiay Huanaco! Raste nun, Guanaco!

Die Stämme um den See wagten bis in die Zeit der letzten Inka nichts anderes zu denken und zu sagen. Als die ersten Spanier kamen, brach der Bann. Den Spaniern, die nach Tiahuanaco kamen, ›um riesige goldene Nägel und vielerlei Gerät aus Gold zu holen‹, beteuerten die hier Ansässigen, ›sie könnten weder sagen noch bestätigen, wer diese Stadt gegründet habe‹. Bis heute blieb die Frage ohne Antwort, obwohl seit hundert Jahren Forscher fragen.

Einer von ihnen, der in La Paz, der bolivianischen Hauptstadt, lebte, setzte sein ganzes Leben ein, das Rätsel aufzulösen. Es war Arthur Poznansky. Er war nicht Archäologe, sondern Ingenieur, dem eine große Ziegelei gehörte. Als er zum erstenmal nach Tiahuanaco kam, sah er dort dunkle Hütten, deren Giebel Hörner oder Kreuze trugen. In den Ziegelmauern der Kirche steckten mächtige Blöcke, und bald entdeckte Poznansky den

Platz, von dem sie stammten. In großer Einsamkeit tat sich ein Trümmerfeld auf, menschenleer, verlassen auch vom See, der über zwanzig Kilometer nach Norden zurückgewichen war. Da lagen oder standen Treppen, Tore, steinerne Kolosse und Pfeiler derart regellos, als habe eine Sintflut oder ein Vulkan die Stadt zerstört. Von Lava freilich fand sich keine Spur, auch nicht von Schlamm, keine Aschenreste, kein Anzeichen für Erdbeben, heftig genug, um Pyramiden zu erschüttern oder Mauern aus tonnenschweren Blöcken umzuwerfen.

Poznansky maß die Blöcke und errechnete, wie schwer sie waren. Viele wogen dreißig oder fünfzig Tonnen, manche hundert. Sie mußten das Doppelte gewogen haben, bevor sie ihre Form erhalten hatten. Die Blöcke waren so behauen, daß sie wie gegossen wirkten. Poznansky suchte nach den Plätzen, wo sie gebrochen waren. Der nächstgelegene Steinbruch war fünf Kilometer weit entfernt.

Was für Menschen mußten das gewesen sein, die mit den Felsen umgegangen waren wie die Küstenleute mit Lehmziegeln, von Wind und Sonne hart gebacken?

Riesen? Noch heute heißt beim Volk eine der Steinfiguren ›der Gigant‹, und eine andere heißt ›der große Bruder‹.

Poznansky fing zu graben an. Auch er entdeckte goldene Nägel und Gerät. Er stieß auf Scherben und Gefäße und auf Masken. Und er fand Gräber, in den Gräbern Tote, die eher kleiner waren als er selbst. Er fand Behausungen, die in der Erde steckten. In ihnen konnte niemand stehen. Nur wer kauerte, das Kinn auf seinen Knien, der hatte Platz genug. Poznansky, der mit den Hochlandindianern vertrauten Umgang hatte, hatte oft Indianer so gesehen, in einer Ecke hockend, tief im Schlaf versunken.

Poznansky grub und forschte viele Jahre. Was er entdeckte, schleppte er in ein Museum, das von ihm selbst erbaut war. Die Arbeiter, die er beschäftigte, entlohnte er aus seiner Tasche. Er grub und sammelte verzweifelt; denn außer ihm erschienen da noch andere auf dem Plan: Bauunternehmer, in deren Augen Tiahuanaco ein idealer Steinbruch war, in dem die Steine zubehauen lagen. Sie holten sich hier billiges Material, und was nicht leicht genug zu transportieren war, das sprengten sie. Mit

Dynamit zerlegten sie die Blöcke und die Pfeiler. Sie machten auch vor Statuen nicht halt. Poznansky schrieb in Zeitungen dagegen, er lief in Ministerien Türen ein. Es änderte sich nichts, im Gegenteil: Nun kamen ›Ausgräber‹, von eben diesen Ministerien mit Vollmachten ausgerüstet, um schlimmer als die Ausbeuter zu hausen. Sogar aus dem Museum wurden Stücke weggeholt.

Poznansky machte von jedem Block, den er freilegte, Aufnahmen, von jedem Fund. Aber — sobald er nicht mehr auf dem Feld war, konnte er die Sprengungen der anderen hören. Da ließ er auch Giganten in die Hauptstadt bringen, Pfeiler und Blöcke; er baute Tiahuanaco-Mauern in La Paz auf.

Nun brachen Fachgelehrte über ihn den Stab: Er gibt ein falsches Bild, er soll die Steine lassen, wo sie hingehören ... Das sagten sie von einem Mann, der jahrelang gesehen hatte, was solchen Steinen widerfuhr. Poznansky tat das einzige, was zu tun blieb, um vor den Ausbeutern möglichst viel in Sicherheit zu bringen. Doch in den Augen vieler war er nur ein Narr, der in dem Glauben lebte, daß behauene Steine Antwort geben, wenn man sie lange genug befragt. Poznansky gab nicht auf zu fragen und zu träumen, bis er eine Antwort hatte.

Die Steine sagten ihm, dem hartnäckigen Träumer: Tiahuanaco wurde nicht ›an einem Tag‹ erbaut, wie es in Sagen heißt — es dauerte Jahrhunderte; in fünf scharf voneinander abgesetzten Perioden sind die Bauten errichtet worden. Die ältesten Bauten stammen von Ureinwohnern, die nachts in höhlenartigen Erdhütten hockten. Sie nahmen Grauwake und Sandstein für die

›Steinsitze‹ von Tiahuanaco

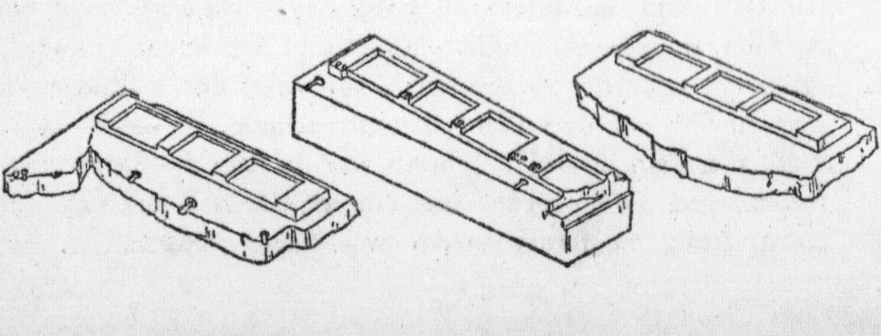

Doppelmauern und für die großen Steingestalten, ihre Götter. Eines Tages geriet der See in Aufruhr, eine Flut zerstörte die halbfertige Stadt. Dann kamen Collastämme, die noch heute in der Gegend leben. Unter ihnen gab es Baumeister und Schmiede, die ihresgleichen suchten. Sie erbauten Tempel aus gewaltigen Blöcken. Mit Kupfernieten wurde Block an Block geschmiedet. Auch diese Periode endete in einer Katastrophe. Andere kamen, und sie vollendeten die Tempel. Nun wurden Mauern aufgeführt, in die granitene Pfeiler eingezogen waren. Wie in Machu Picchu oder beim Palast des Inka Roca wurden Vieleckensteine für den Bau verwendet. Die vierte Periode ist die Zeit der Bauten aus Lehmziegelmauern, die fünfte die Inkazeit.

Poznansky zweifelte nicht daran, daß er die Steine recht verstanden hatte. Besonders eifrig befragte er ein Tor, das einen Fries mit zahlreichen Figuren trug. Das Tor verriet ihm: Ich bin ein Kalenderstein. Poznansky fand heraus, daß alle Tempel nach Gestirnen ausgerichtet waren. Aus den geringen Abweichungen, die sich nach Poznanskys Ansicht seit der Entstehungszeit ergeben hatten, errechnete er ein Alter von sechzehntausend Jahren für das Tor. Und schließlich las er von den Trümmern ein erstaunliches Geheimnis ab: Das ganze Hochland von Peru samt Titicacasee hat sich um ein paar tausend Meter gehoben, als von Tiahuanaco schon Bauten standen. Nun sprach Poznansky selbst ein letztes Wort. Hier war das Paradies, so sagte er, hier sind die ersten Menschen in die Welt getreten. Die älteste Stadt der Erde: Tiahuanaco.

Nicht nur Archäologen schüttelten die Köpfe, als sie derartige Offenbarungen in Poznanskys Büchern fanden. Der Deutsche aus La Paz hatte sich in den Rätseln seiner Stadt verirrt. Aber nur einer, der so wie er von einer Aufgabe besessen war, konnte als einzelner so vieles retten. Was er den Ausbeutern entriß, ist unschätzbar. Seine Verdienste wiegen seinen Irrtum auf.

Die Archäologen, die seit einigen Jahrzehnten in Tiahuanaco tätig sind, forschen auf einem Feld, das streng bewacht wird. Keine Sprengung erschüttert mehr die Luft. Sogar verdiente Ausgräber haben heute kaum noch Zutritt – sofern sie nicht Bolivianer sind. Schon vor dreißig Jahren war es schwer, die Er-

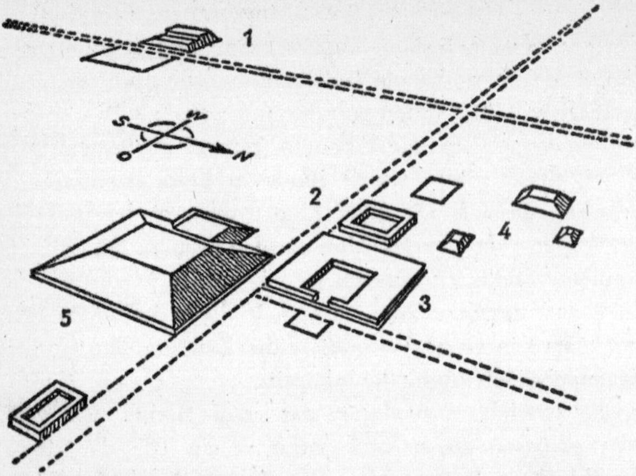

Plan von Tiahuanaco: 1 Puma Punku, 2 ›Palast der Särge‹, 3 Calasasaya mit Sonnentor, 4 Kleine Pyramiden, 5 Acapana

laubnis für Ausgrabungen zu erwirken. 1932 grub Wendell Bennett in Tiahuanaco. Nur zehn Grabungslöcher wurden ihm zugestanden. Bei seiner ersten Grabung stieß er auf die sieben Meter hohe Steinfigur, die beim Volk ›der große Bruder‹ heißt. Heute sind durch Ausgräber auch tiefere Schichten freigelegt. Der von Poznansky entworfene erste Plan ist berichtigt und bereichert worden. Von Jahr zu Jahr wird deutlicher, wie Tiahuanaco einmal aussah und was es dort vor einigen Jahrtausenden gegeben hatte.

Auf einer Fläche, etwa tausend mal vierhundertfünfzig Meter groß, erhoben sich die Hauptgebäude.

Der größte Bau: die Acapana, erbaut auf einem fünfzehn Meter hohen Pyramidensockel aus Geröll und Erde, mit einem Steinmantel verkleidet, jede Seite über zweihundert Meter lang. Eingebettet in den Sockel war ein ›Wasserbecken‹, aus dem ein ›Kanal‹ ins Freie führte. Die Mauern, die der Sockel trug, sind bis auf wenige Reste abgetragen.

Der zweite Bau: die Calasasaya, von der rechteckige Blöcke und eine Reihe ›stehender Steine‹ übrigblieben. Viele Blöcke waren mit Sinnzeichen bedeckt. Der Bau maß hundertzwanzig mal hundertdreißig Meter. Im Inneren befand sich ein versenkter Hof, zugänglich über eine Treppe aus tonnenschweren Stufen. In der Nordwestecke steht heute das Sonnentor.

Etwas abgesetzt von diesen beiden größten Bauten ist der ›Palast der Särge‹, von den Spaniern so benannt. Von ihm blieb eine Fülle meisterhaft behauener Steine.

Die vierte mächtige Ruine: Puma Punku, das Löwentor, auch ›Zehntor‹ oder ›Wassertor‹ genannt. An dieser Stelle gibt es Tore, Steinsitze und Opfersteine, Treppenstufen, steinerne Gestalten, die Turbane tragen, vollendete und halbfertige Blöcke und Figuren. Das Durcheinander ist so groß, als habe hier das Leben mit einem Schlage aufgehört. Welche Gewalt die Werkleute bei ihrer Arbeit unterbrach, wird sich vermutlich trotz aller Funde nie ergründen lassen. Von den Basaltfiguren, den Gestalten aus Grauwake und rotem Sandstein, in deren tiefen Augenhöhlen einmal Gold und Edelsteine funkelten, von den Trachit- und Andesitplatten und von den Pfeilern haben Archäologen vieles abgelesen. Eine Deutung widerspricht der anderen. Was für die einen ein Festungsbau mit Wohnungen und Speichern, Werkstätten und Wasserbecken war, war für andere ›der größte Son-

Rekonstruktion eines Pyramidentempels (Puma Punku)

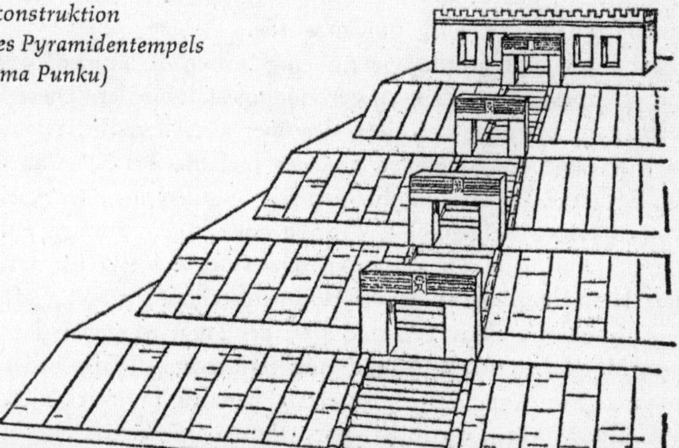

nentempel dieser Erde‹. Poznansky stellte fest, daß Puma Punku mit seinen Doppelmauern und zehn Toren auf einem Stufensockel von vier Plattformen errichtet war. Alle großen Bauten waren von Pyramiden unterstützt. In allen gab es eingesenkte Kammern mit Steinwänden. Aus manchen Blöcken sah ein steinernes Gesicht. Einige Forscher halten diese Kammern für Wasserbecken und die Gänge, die aus ihnen führen, für Kanäle. Nun sind diese Kanäle mannshoch, und in den Kammern gibt es außer Steingesichtern auch noch Türen. Man fand Anzeichen, daß in ihnen etwas stand. Altäre? Throne? Oder Särge? Gab es in jeder dieser Pyramiden ein geheimes Grab wie in den Pyramiden von Ägypten? Waren die Steinkammern versenkte Räume für den Herrscher oder Gott, für den das Heiligtum erbaut war? Hausten in diesen Kammern heilige Jaguare, wie in den Tempelkammern an der Küste heilige Schlangen?

Das Bild des Jaguars fand sich vielfach in Tiahuanaco. Beherrschend blickt ein Jaguargesicht vom eindrucksvollsten aller Tore, dem Inti Punku, das aus einem vier Meter hohen und drei Meter breiten Andesitblock geschlagen ist. Ganz offensichtlich steht es nicht mehr an der Stelle, für die es einmal vorgesehen war. Ein Riß geht durch das Tor. Am Fries, der seine ganze Breite deckt, blieb einiges unvollendet. Im Jahre 1918 wurde das ›Sonnentor‹, das umgestürzt war, aufgestellt; er steht seitdem am Platz, an dem es aufgefunden wurde.

Im Fries sind achtundvierzig Flügelwesen zu entdecken, die mit kondorköpfigen Zeptern der Hauptgestalt zueilen. Diese Gestalt, ganz offenbar der Gott, der über alles herrscht, vereinigt in sich Züge des Menschen und des Jaguars, des Kondors und der Schlange. Jaguarköpfe brechen wie Strahlen aus dem Antlitz, unter riesigen Augenhöhlen, in die einst kleine Sonnen eingebettet waren, sind Tränenspuren: Der Gott weint Leben, wie es nach alten Überlieferungen der Hochlandstämme die Sonne tut.

Auf einem andern Tor sind statt der Flügelwesen Fische, die dem Mond geweiht sind, und auch Schlangen, die der Erde angehören. Wer war für die Erbauer Tiahuanacos höchster Gott?

Uralte Mythen, die sich länger als die Inkalüge hielten, berichten von Einwanderern, die von weither kamen und sich

Zentrale Figur vom ›Sonnentor‹

bei ihren Bauten nach Gestirnen richteten. Noch früher seien Bärtige erschienen. Den Anfang allen Lebens auf dem Hochland aber, so brachten die Chronisten in Erfahrung, habe ein Gott gemacht, der Viracocha hieß: der Schöpfer mit dem Jaguarhaupt, der goldene Tränen weint. Viracocha habe seine ersten Menschen als Riesen und aus Stein erschaffen. Als diese Steinmenschen sich gegen ihn erhoben, erschuf er Menschen von gewöhnlicher Gestalt. Doch gab er ihnen Riesenkräfte, und sie hatten über Felsen jegliche Gewalt. Amauta hießen ihre Könige. Sie gründeten das Piruareich und herrschten viele hundert Jahre lang.

Ein spanischer Chronist, der Jesuit Montesinos, führt eine Liste von einhundertzwei Amauta auf, von denen jeder etwa dreißig Jahre im Reich der Riesen herrschte. Der erste Herrscher hieß Pirua Manco, und nach ihm heißt das Reich Piruareich. Im Jahre 1220 v. Chr. trat nach Montesinos der Amauta Pirua Manco seine Herrschaft an. Wer war dieser Montesinos, der über das Piruareich so gut im Bilde war? Woher hatte er sein Wissen?

Montesinos kam im Jahre 1628 nach Peru. Dort blieb er fünfzehn Jahre, taufte Indianer, untersuchte Minen und kam weit im

Lande umher. Nach Spanien heimgekehrt, schrieb er ein Buch, das ihm bei den Gelehrten den Namen eines ›Münchhausen von Peru‹ einbrachte. Von vielen Forschern wird das Buch als eine dicke Lügengeschichte angesehen. Und in der Tat stammt vieles von dem, was Montesinos da behauptet, aus seinem eigenen Kopf. Zum ersten Peruaner machte er Ophir, einen Enkel Noahs.

Doch was er von den hundert Amautakönigen erzählt, hat dieser alte Fabler nicht aus sich. Das holte er aus einem Buch, das ein gewisser Blas Valera geschrieben hatte. Und Blas Valera ist ein weit glaubwürdigerer Mann als Montesinos. Er hatte wie ›der Inka‹ Garcilaso de la Vega indianisches Blut in seinen Adern. Wie Garcilaso kam er 1540 auf die Welt: Sohn eines Spaniers, der mit Pizarro nach Peru gekommen war, und einer indianischen Prinzessin. Blas Valera wuchs in Cajamarca auf, der Stadt, in der Atahualpa seinen Tod fand. Mit achtundzwanzig Jahren wurde er in Lima Jesuit. Die nächsten dreiundzwanzig Jahre blieb er in Peru, kam weit umher und taufte Indianer. 1591 kam er, nachdem er auf verschiedenen Stationen in Peru gewirkt hatte, nach Spanien. Er war in Cadiz, als die Engländer die Stadt eroberten. Dabei verlor er zwei von den drei Büchern, die er geschrieben hatte.

Blas Valera war ein Chronist, der nicht auf Bücher anderer angewiesen war. Er lebte von seinem ersten Tag an in Peru und blieb dort einundfünfzig Jahre. Sein indianisches Blut, die Kenntnis einiger Indianersprachen, eine sorgfältige Ausbildung und weite Reisen halfen ihm, in langversunkene Welten einzudringen und Überlieferungen aufzuspüren, die all denen verborgen bleiben mußten, die nicht so gut wie er selbst vorbereitet waren. Das Buch, das die Eroberung von Cadiz überdauerte, wurde 1604 nach La Paz gebracht. Dort, in der Jesuitenschule, sah es Montesinos. Er las, was Blas Valera über Pirua und die Amauta geschrieben hatte, und die Königsliste begeisterte Montesinos.

Da die Amautaliste in keiner zweiten Chronik aufgeführt ist, wurde sie mehr angezweifelt als studiert. Doch nahmen sich auch führende Peruanisten ihrer an. Der Nordamerikaner Means legt das Piruareich in das Jahrtausend zwischen 200 und 1200 n. Chr. Pirua, der Begründer der ersten Dynastie, war nach den Worten

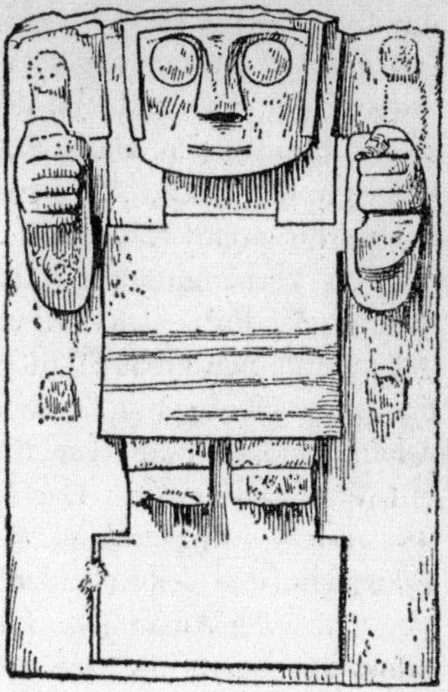

Sandsteinskulptur von Tiahuanaco

Montesinos ›kein Götzendiener, sondern einer, der wußte, daß im Himmel und auf Erden nur ein Gott, der Schöpfer, ist, und ihm gab er den Namen Illaticci Viracocha‹.

Zur Zeit des dreizehnten Amauta traten Ereignisse ein, die für Peru die größten Folgen hatten. Darüber heißt es in der Chronik: Dieser Amauta regierte so, daß sein Land Frieden hatte. Da sagten ihm die Seher und die Opferpriester, daß eine große Wende zu erwarten sei. Den Amauta erschreckte diese Prophezeiung. Nach wenigen Tagen kamen von der Küste Boten mit der Nachricht, große Scharen eines fremden Volkes seien dort gelandet. Auf Flößen seien sie von Norden her gekommen und in die Küstentäler eingedrungen. Vor ihnen her sei ein Gewaltiger geschritten, größer als die andern, obwohl auch diese groß wie Riesen seien. Da sandte der Amauta Späher aus, um zu erkunden, was für ein Volk das sei, was es für Waffen habe, wie es lebe. Die Späher kamen wieder und berichteten: Wo immer diese Riesen eingedrungen seien, da habe es nur Rettung durch die Flucht gegeben. Die ganze Küste sei in ihre Hand gefallen. Da ließ der Hochlandherrscher alle Festungen erneuern. Doch niemals haben die Einwanderer versucht, sich des Amautareiches zu bemächtigen. Die Gefahr kam aus dem Süden. Um 450 fielen kriegerische Stämme ein. Der Amauta, der die Rüstung betrieb, um diesen Einfall abzuwehren, starb. Seinem Nachfolger fielen die Küstenvölker in den Rücken. So konnten sich die Stämme aus dem Süden im Piruareich festsetzen, sie stellten ihre Götter in die Tempel. Das Verhängnis war nicht mehr aufzuhalten. Etwa um 500 zerbrach das Piruareich, Tiahuanaco ging zum ersten Male unter.

Es wurde neu erbaut. Mit größerem Glanz als zuvor errichteten Amautakönige nun ihr Reich. Viracocha zog in schönere Tempel ein. Und auch die Küstenreiche blühten auf. Pachacamac hielt mit Viracocha Frieden. Der Himmel wurde von Sternkundigen beobachtet – im Hochland wie am Meer. Sonnenpfeiler wurden aufgestellt, und der Kalender wurde mehr und mehr verbessert. Von einem der Amauta wird berichtet, daß er in den Jahrzehnten seiner Herrschaft niemals lachte, weil er sehr vieles von den Sternen wußte, mehr noch als seine Sterndeuter und Weisen, mit denen er sich oft beriet. Er stellte viele Schattenuhren auf.

Um 725 n. Chr. drangen zum zweiten Male Völker aus dem Süden ins Piruareich. Das Amautaheer verteidigte das Land auf Pässen, die von Lawinen zugeschüttet waren. Zweimal wurden die Eindringlinge abgewiesen. Auch von Osten kamen Stämme – auf der Flucht vor anderen und auf der Suche nach fruchtbarem Land. Der Amauta wurde Herr der doppelten Gefahr. Hundert Jahre später, zu der Zeit, als Titu Pachacuti auf dem Thron saß, wurde das Piruareich so sehr bedrängt, daß der Amauta nichts mehr tat und alles den Göttern überließ. Er brachte täglich Opfer dar, wie ihm die Priester rieten. Erst als die Feinde schon im Herzen des Reiches standen, trat er ihnen mit einem Heer entgegen. Bei Pucara, östlich vom Titicacasee, wurde das Amautaheer geschlagen. Titu fiel. Die Überlebenden, die fliehen konnten, brachten den toten König in eine Stadt, die den Eroberern aus dem Süden niemals in die Hand fiel. In den Provinzen gab es Aufruhr, das Piruareich brach auseinander. In der versteckten Residenz wurde ein Kind auf den Amautathron gesetzt. Tiahuanaco war zum zweitenmal zerstört. So weiß es Montesinos, der sich auf Blas Valera stützt.

Was bei Ausgrabungen zutage kam, läßt darauf schließen, daß Tiahuanaco einige Male unterging. Aber ob die Zerstörer feindliche Stämme waren oder ob es Umstürze gab, als Dynastien einander in der Herrschaft ablösten, geht aus den Funden nicht hervor. Wir kennen aus einem andern Kontinent ein Beispiel dafür, daß es nicht unbedingt feindlicher Einfälle bedarf, um Pyramidenbauer zu entthronen. Das Alte Reich der Pharaonen ging zugrunde, weil das Volk am Nil zu zweifeln anfing, ob die Pharaonen Sonnensöhne seien. Der Pharao Unas hatte in die Grabkammer der Pyramide, die ihm als ewige Residenz errichtet worden war, uralte Texte meißeln lassen, magische Formeln, die ihm den Aufstieg zu den Göttern sicherten. Nun waren die Mysterien preisgegeben; Unbefugte glaubten die Schlüssel in der Hand zu haben, die bisher nur dem Pharao gegeben waren. Das Volk, nun selber im Besitz der ›Gottesworte‹, stand gegen einen Herrscher auf, der nicht mehr stark genug war, das Geheimnis in sich zu verschließen. In dem Bericht vom Untergang des Alten Reiches heißt es: Das Geheimnis der Pyramiden ist verraten. Die

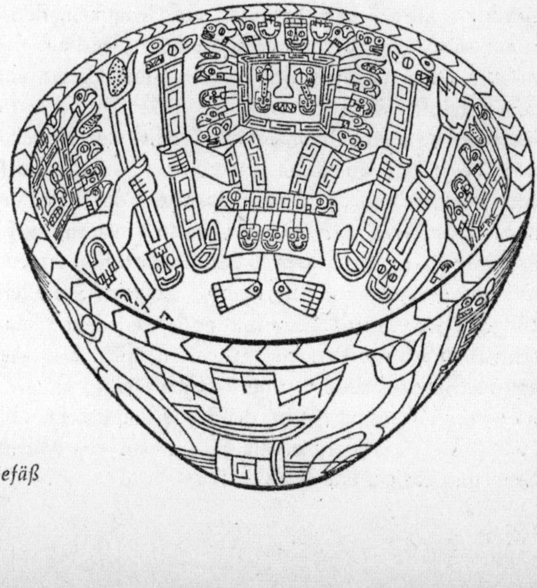

Tiahuanaco-Gefäß

Residenz ist um und um gekehrt von einem Tag zum andern ... Die Tempelmauern, Stelen, Treppen und Tore von Tiahuanaco fanden die Ausgräber ›um und um gekehrt‹, die Blöcke von Puma Punku boten einen Anblick, als habe hier alles Leben aufgehört ›von einem Tag zum andern‹.

Was übrigblieb von Tiahuanaco, läßt erkennen, daß die Amauta Herrscher waren, großer Taten fähig. Sie waren die Erbauer von Pyramiden, Städten, Tempeln; sie waren Könige von großer Weisheit, Lehrer jener Völker, die sie in ihrem Reich vereinigt hatten. Dies Reich war groß, es dehnte sich bis fast zur Küste aus, bis an den Urwald.

›Amauta‹ wurde in der Inkazeit zum Namen für die Ratgeber des Herrschers. Und der Amautagott wurde für ganz Peru zum Schöpfergott. Ein indianischer Chronist hat ein Gebet des fünften Inka überliefert, in dem es heißt: ›O komme, Viracocha, Herrscher aller Welt, groß wie der Himmel, Ursache von allem, Menschenschöpfer! Zehnmal grüße ich dich. Dich suche ich, die Augen auf die Erde gerichtet, wie ich die Quellen suche, wenn mich dürstet. Mit all der Stimme, die ich habe, rufe ich dich an.‹

Ein anderes Gebet enthält die Worte: ›Der ewige Herr, Sinnzeichen aller Welt, ihr immerwährender Urgrund. Er gibt den Wink für alles Leben. Er macht die Gedanken. Er ist die Sonne aller Sonnen. Er, Schöpfer dieser Erde, Viracocha.‹

Nach altem Glauben der Aymará- und Collastämme war vor dem Schöpfungstag die Welt ein dicker Brei, der finster dalag. Das war zu Zeiten der Tutayac-Pacha, der langen Nacht. Das erste Wort, das Viracocha sprach, war: Sammle dich! Er sagte es zum Wasser, und da wurden Seen und das Meer und trockenes Land. Doch war noch immer alles in Finsternis gehüllt, und in der Erde steckte noch kein Leben. Da hauchte Viracocha der Erde seinen Atem ein, und nun erst, da sie seine Seele hatte, konnten auf ihr Pflanzen und Tiere und auch Menschen leben. Zum zweitenmal sprach nun Viracocha: Sammle dich! Er sagte es zur Finsternis. Sie ging in sich und ließ die Helligkeit aus sich heraus. So wurden Tag und Nacht, das Helle und das Dunkle. Dann erst erschuf der Schöpfergott die Sonne und den Mond, damit das Helle und das Dunkle strahle.

Viracocha bedeutet Erdmacher und Menschenschöpfer. Als seine ersten Menschen ihn erzürnten, da ließ er sie in einer großen Flut zugrunde gehen. Nachdem die Wasser sich von neuem gesammelt hatten, erweckte Viracocha neue Stämme, vor allem jene um den Titicacasee. Von jedem Stamm schuf er nur einen Mann und eine Frau. Er malte ihnen auf den Leib die Kleider, die sie tragen sollten, den einen gab er langes und den andern kurzes Haar. Er gab ihnen die Sprache, die sie sprechen, und auch die Lieder, die sie singen sollten. In ihre Hände legte er die Saaten für die Aussaat. Die neuen Menschen hatte er nicht mehr aus Stein, sondern aus Lehm gemacht, und als er fertig war mit allen, hauchte er ihnen wie der Erde Leben ein. Dann sprach er: Geht nun in die Erde, und jeder soll an dem Ort, den ich ihm bestimme, hervorkommen. Da kamen einige aus Bäumen oder Quellen, einige aus Höhlen, und jeder Stamm begann sich zu vermehren und auszubreiten. Die Ursprungsstätten aber blieben heilig. Dort wurden jene Ersten der Geschlechter bei ihrem Tod verwandelt: in einen Kondor oder Bären oder Stein. Viracocha gab jedem Stamm eine andere Huaca, weil sich die Stämme unterscheiden sollten.

Bei einem Hochlandvolk, dem Stamm Cañari, ist die Geschichte von der großen Flut ein wenig anders überliefert. Dort heißt es, daß es Viracocha leid tat, die Menschen zu verderben. Doch weil ein Gott nichts gegen seinen Willen tun kann, konnte er die Abtrünnigen nicht warnen. Da sagte er den Lamas eines Hirten, was bevorstand. Und diese Lamas drängten Hirt und Hirtin auf einen hohen Berg, und dort blieben die beiden Menschen und die Lamas übrig.

Viracocha machte sich große Mühe mit den Menschen. Er schuf sie zweimal, steinern und aus Lehm, erst riesenhaft und später so, wie er selbst war — nach seinem Bild.

In der Puna um den Titicacasee gibt es seltsame Türme, in deren Mauern Viracocha eingemeißelt ist. Diese Türme heißen Chullpas. In ihnen wurden Tote beigesetzt. Die Chullpas, so erzählten Indianer jenen Spaniern, die als erste in die Gegend von Cutimbo kamen, seien in unvorstellbar früher Zeit errichtet worden, ›noch vor der Sonne‹. Die Spanier staunten über soviel Fin-

Bemalter Becher, Küsten-Tiahuanaco

sternis in indianischen Köpfen. Vor der Sonne – das konnte doch nicht sein.

Es konnte sein – wenn auch nicht so, wie sich die spanischen Eroberer das dachten; sie hatten nicht die rechten Ohren für die Indianer. ›Vor der Sonne‹ bedeutet: zu einer Zeit, in der die Sonne noch nicht oberstes Gestirn war. Denn auch im Hochland wurde ›vor der Sonne‹ der Mond verehrt. Das ist von Götterbildern und behauenen Steinen in Tiahuanaco abzulesen. Nicht nur Sonnenzeichen sind dort eingemeißelt, auch die des Mondes und der Erde. Viracocha, der Schöpfergott, trägt einen Jaguarkopf. Der Jaguar ist dem Mond geweiht wie Fisch und Schlange, die hundertfach in Tiahuanacotore eingeschlagen sind. Das Überraschende ist, daß aus dem Pumaschädel Strahlen brechen wie aus einer Sonne, die eben aufgeht. Flügelwesen bringen Viracocha eine Botschaft, Kondorköpfe schlüpfen aus den Zeptern, die er hält. Die ihm dienstbaren Gestalten tragen Lichtkronen wie die Berge, wenn der Tag beginnt. Die Sonne kommt zum Mond – das ist die Botschaft, die am großen Tor von Tiahuanaco verkündet wird. Mond und Sonne sind der Erde zugetan, das sagen Jaguar und Kondor, die von Schlangen umgeben sind. Tag und Nacht sind ausgesöhnt; zum Glanz des Silbers kommt der Glanz des Goldes. Der Mond weint Sonnentränen, daß die Erde blühe.

Die Gegend um den Titicacasee, jetzt kahle Puna, muß zu der Zeit von Tiahuanaco anders ausgesehen haben. Um Pyramiden und gewaltige Tempel zu erbauen, braucht es ein Heer von Handwerkern, und um ein solches Heer am Leben zu erhalten, braucht es ein Heer von Ackerbauern. Zwar heißt es in den Sagen, die vom Piruareich erzählen, daß die Steinblöcke von selber kamen, wenn Amauta ihnen winkten, daß sie zum Ton von Hörnern sich bewegten und selbst die Plätze fanden, die der Baumeister für sie vorgesehen hatte — doch war dies so gesagt, um Kraft und Weisheit des Piruakönige ins rechte Licht zu rücken. Die Erbauer von Tiahuanaco sahen vermutlich nicht wie Riesen aus — sie waren Riesen: Mächtige, für die es nichts Unmögliches gab.

Sie errichteten nicht nur die beispiellose Tempelstadt am Südufer des Sees. Sie legten viele Städte im Hochland an und sorgten dafür, daß genügend in der Puna wuchs. Rowe fand im Randgebiet von Cuzco Reste von Steinmauern, die älter sind als alle Inkabauten. Bennett stieß in Chiripa auf Doppelmauern und auf steinerne Eimer mit Hochlandkorn. Manche Forscher nehmen an, daß Tiahuanaco eine Stadt der Heiligtümer war, von Pilgerscharen im Verlaufe von Jahrhunderten erbaut. Eine Tempelstadt war Tiahuanaco sicher. Doch brauchten die Erbauer nicht erst von weit her zu kommen. Sie wohnten dort am See. Leitungen aus Steinrohren brachten Trinkwasser aus den Bergen. Bauentwürfe auf Steinplatten zeigen, daß es Planer gab, und neben jedem Tempel waren Werkstätten von großem Ausmaß. Breite weiße Streifen gestuckter Fußböden lassen erkennen, daß Tiahuanaco eine prächtige Stadt war.

Wer eine solche Stadt baut, der kann auch ein Reich errichten. Immer deutlicher wird durch die Funde und Forschungen erkennbar, daß die Erbauer von Tiahuanaco Menschen mit überragenden Fähigkeiten waren. Ihr Gott, der Mond und Sonne in sich vereinigt hatte, wurde zum höchsten Inkagott und wurde erst entthront, als jene Bärtigen kamen, die von den Indianern zunächst für seine Söhne angesehen wurden; denn dieser Gott hatte, als er Peru verließ, versprochen, einst zurückzukehren. Auch in die Küstentäler drang sein Bild. Seine Züge waren dort, auf Federmänteln und Gefäßen, nicht mehr so streng wie auf den Steinblöcken im Hochland. Doch immer hält er in den Händen Zepter, aus denen Kondorköpfe brechen oder Vogelschwingen — oder Mais. Der Tränengott gab auch der Küste während einiger Jahrhunderte das Gesicht. Gewebe und Gefäße nahmen Formen an, die zuerst in Tiahuanaco in Stein erschienen waren. Wie aus dem mächtigen Jaguarkopf am Sonnentore Strahlen brechen, so strahlte von der Hochlandstadt ein neuer Glaube aus, und seine Zeichen sind in ganz Peru zu finden.

Noch ist viel unter Schutt begraben, und vieles ist bis heute rätselhaft. Prescott nennt in seiner ›Eroberung von Peru‹ Tiahuanaco ein Reich jenseits der Geschichte. Er hat bis heute recht, so vieles inzwischen auch zutage kam. Sicher ist nur, daß die Herrscher von Tiahuanaco ähnlich wie die Inka dem ganzen Lande ein Gepräge gaben. Sie schufen einen ›Horizont‹, sagen die Archäologen. Den ersten Horizont, der ganz Peru umschloß?

Das war die Frage, die der Peruaner Julio Tello stellte, der Indianer, der zum größten Erforscher seines Landes wurde. Im ganzen Land stieß er auf Überreste, die ihn an Tiahuanaco denken ließen. In Huari, einem Ort in der Provinz Ayacucho, entdeckte Tello Mauerreste auf einer Fläche von vier Quadratmeilen. Acht Meter hohe Mauern hatten hier gestanden. Es fanden sich auch steinerne Gestalten. In Pucara waren einundzwanzig Steinfiguren, sechzehn Stelen, achtundvierzig Blöcke und Reliefs gefunden worden. Mischwesen aus Jaguar und Mensch, aus Kondor, Lama, Fisch waren in diese Blöcke eingemeißelt. Der Tempel, zu dem sie gehörten, hatte hufeisenförmigen Grundriß. Bei Pisco an der Südküste, einem Bereich, in dem Lehmziegelstädte üblich waren, entdeckte Tello die Ruinen zweier Städte, aus Stein gebaut. Die Städte waren lange vor den ›Weltveränderern‹ errichtet worden, vor den drei großen Inka Pachacuti, Tupac und Huayna Capac.

Tello stieß in ganz Peru, in Nord und Süd, in Ost und West, auf Tiahuanaco. Im Hochland und in Küstentälern fand er Spuren der Amauta. Für ihn stand außer Zweifel, daß es das Piruareich gegeben hatte. Die Frage, die ihn sein Leben lang in Atem hielt, hieß: War das Reich der Riesen das älteste peruanische Reich? Gab es nicht einen Horizont, der tiefer lag als der von Tiahuanaco? Tello suchte, bis er eine Antwort hatte. Er drang so tief wie keiner vor ihm in das Frühere ein. Und eines Tages lag vor ihm der früheste Horizont.

Der früheste Horizont

Als einer der ersten Spanier kam der junge Reiter Cieza de Léon auf seinen Ritten an einen Tempelort, der etwa tausend Kilometer nördlich von Tiahuanaco in einem Hochlandtal liegt. Die Tempel standen noch. Niemand wußte, wie alt sie waren. Pilgerscharen zogen Jahr für Jahr dorthin. Cieza und auch noch andere Chronisten sagen von dieser Wallfahrtsstätte, daß sie in ganz Peru so hochberühmt war ›wie Rom oder Jerusalem bei uns‹. Noch heute gibt es dort Ruinen, die erkennen lassen, wie mächtig diese Tempelburg einst war. Um einen Mittelhof erhoben sich rechteckige Bauten in drei Stufen – Pyramidenstümpfe, mit Steinblöcken verkleidet. Götterköpfe, aus deren Mundwinkeln Reißzähne ragen, waren mit schweren Zapfen in die Mauern eingelassen. Außer einem Tor im mittleren Stockwerk, zu dem granitene Treppenstufen führten, gab es keinen Zugang, auch keine Fenster. Leitungen brachten frische Luft in alle Räume. Wie Tiahuanaco durch eine Treppe mit dem See verbunden war, so diese Tempel mit dem Fluß, der durch das Hochlandtal fließt. Breite Stufen bildeten eine Treppe vom Puccha-Ufer zum Hang hinauf, auf dem die Tempel standen. Im Innern gab es Gänge, Kammern, Nischen, alle mannshoch, höhlenartig, mit kleinen Quadern ausgemauert, fensterlos – ein Labyrinth. Auf dem höchsten Stockwerk fand sich eine Schale aus dunklem, hartem Stein; sie stand auf wuchtigen Füßen und fing das Opferblut auf, das vom Steinaltar in einer Rinne niederfloß, zu einem Block, aus dem ein Jaguar sein Steingesicht hebt.

Heute liegt in der Umgebung der Ruinen ein Dorf, das Chavin de Huantar heißt. Chavin, ein Collawort, bedeutet ›im Gebüsch‹. Das Tal, in dem die Tempel liegen, ist unwirtlich. Für

Äcker ist dort wenig Erde, wenig Platz. Anders als in Tiahuanaco waren die Erbauer von Chavin auf Mitarbeit von Pilgern angewiesen. Wendell Bennett ist der Überzeugung, daß der Plan, nach dem Chavin erbaut ist, von Anfang an in allen Einzelheiten feststand; daß es Tempelwerkstätten in Chavin gab; daß jedoch Helferscharen aus dem ganzen Lande kamen – so wie es heute noch bei manchem peruanischen Heiligtum der Fall ist. Bennett schreibt: ›Während mehrerer Wochen des Jahres strömten viele Menschen zu den Opfern nach Chavin de Huantar. Wenn sie in großer Zahl versammelt waren, wurde Baumaterial zusammengetragen, Steine wurden zurechtgelegt und große Steinplatten an ihren Platz gebracht. Nach Beendigung der Festlichkeiten kehrten die Wallfahrer in ihre entlegenen Wohnorte heim. Baumeister, Steinmetze und Bildhauer vollendeten mit Hilfe einiger ansässiger Handlanger, was die Pilger vorbereitet hatten.‹

In Chavin de Huantar entdeckte 1873 der Peruaner Raimondi den berühmten grünen Stein, den rätselhaften Gott, der einen Turm von Häuptern auf den Schultern trägt. Fünfzig Jahre später fand Julio Tello im Labyrinth einen seltsamen Pfeiler, der unten spitz zuläuft – einen Zyklopendolch. Bei näherem Zusehen entpuppte sich der Stein als stehender Jaguar. Bedrohliche Fänge

Götterkopf, Chavin

ragen aus den beiden Mäulern, von denen eines wie ein Helm aufs Haupt gesetzt ist. Dicke Haarsträhnen, aufgeworfen wie von einem Sturm, laufen in Schlangenköpfe aus. Es ist der Gott von Chavin, der uns gorgonenhaft entgegenblickt, ein unheimlicher Gott.

Dem Forscher Tello war wie keinem andern seiner Zeit Peru vertraut. Er war im Urwald, in der Wüste, in der Felsenwelt zu Hause. Mit eigenen Augen hatte er es oft gesehen, wie Wolken aus dem Urwald über das Gebirge stiegen und, Blitze sprühend, brüllend in das Hochland einbrachen. Das Wetter kam als ungeheurer Jaguar, der Leben bringt, die Seen schwellen und die Flüsse wachsen läßt, daß sie den Fels zersägen und die Wüste teilen. In Sturm und Regen kommt der Jaguargott, springt durch das Fenster zwischen schneebedeckten Gipfeln, entblößt die roten Hauer, grollt und peitscht mit feuchten Pranken, feuchtem Schweif das Land, bis es erwacht und sich begrünt.

Für Tello lag das Meer, aus dem das Leben aufstieg, nicht im Westen. Er suchte es im Amazonasbecken, im unergründlichen, uferlosen Urwald. Dort leben heute noch die Iawa-Indianer. In einer ihrer Mythen heißt es: Im Anfang war der Mond. Er ist so alt, daß es nichts Älteres gibt. Daher war er allein, und um der Langeweile zu entgehen, schuf er den Urwald und die Menschen. Und nun gefiel es ihm, die Erde zu betrachten. Bald aber taten ihm die Menschen leid, da sie bei Tag von Finsternis umgeben waren. Die Sonne war noch nicht am Himmel. Da sah der Mond ein Iawa-Mädchen, das sehr schön war, und er ließ einen Jaguar aus sich heraus und schickte ihn zu jenem Mädchen hin. Das Mädchen nahm den Jaguar zum Mann. Die beiden hatten einen Sohn, der glänzend war wie Gold. Von Anfang an verehrte ihn der Iawa-Stamm. Als er herangewachsen war, bestieg er einen Scheiterhaufen, der aus sich selbst in Brand geriet. Und aus den Flammen stieg der Jaguarsohn zum Himmel auf und wurde dort zur Sonne. Der Jaguar, der aus dem Mond kam und die Sonne in sich trug – das ist der Chavin-Gott.

Chavin de Huantar ist vermutlich der älteste bis jetzt entdeckte Steinbau in Peru. Sein Hauptteil, den die Spanier Castillo nannten, mißt an der Basis 75 mal 72 Meter. 1945 wurde er durch einen Erdrutsch weitgehend zerstört. Doch steht fest, daß der Bau dreistufig war.

Dreistufig war auch eine Chavin-Pyramide, die sich am Oberlauf des Jequetepeque fand: Kuntur Huasi — Kondorhaus. Dort wurden viele Chavin-Reliefs auf flachen Steinen ausgegraben. In Gräbern um die Pyramide fand man Goldschmuck.

Die reichsten Chavin-Funde im Nordteil der Küste machte Larco Hoyle. Im Chicamatal und einigen Nachbartälern entdeckte er in Totenstädten reiche Grabbeigaben: Spiegel, Schmuck, verzierte Steinplatten und Knochen. Besonders zahlreich sind Gefäße von verschiedener Gestalt. Da gibt es Töpfe, Krüge und Flaschen von Ei- oder Kugelform mit eingeritzten Raubtieraugen oder -zähnen. Manche Behälter sind Gesichter, Tiere, Früchte oder ganze Menschen. Eindringlich stellt ein Krug das Leben dar: Eine Mutter hat ihr Kind an ihre Brust gelegt. Mit großen Augen blickt sie vor sich hin ins Leere. Ein breites Tuch hüllt Kopf und Rücken ein. Aus ihren Schultern steigt ein Bügelhenkel, aus dem das lebenspendende Wasser sprudelt.

Auch Lebensfarbe wurde in die Gräber mitgegeben: roter Staub, der bis auf die Gebeine eindrang.

Tello fand an der Mittelküste Abfallhaufen mit Chavin-Resten. Rebeca Carrión Cachot fand Chavin-Züge auf frühen Paracas-Gefäßen. Beharrlich glaubte sie, daß in der Chavin-Zeit in Paracas die Sandwüste an manchen Stellen abgetragen wurde, bis feuchter Grund aufschimmerte: die Uferstreifen unterirdischer Flüsse. So schufen jene frühen Menschen Paradiese, behauptete die Frau, die Tellos Werk fortführte. Nicht weit von jenem großen Grab, in dem Tello 1923 mehr als vierhundert Mumien in wunderbaren Totenmänteln fand, wurden vor zehn Jahren Strohdächer aus dem Sand geholt, Reste von Oasen, die findige Menschen vor Jahrtausenden im ›Untergeschoß‹ der Wüste aufgespürt hatten. Daß Chavin-Leute haushälterisch mit Wasser umzugehen wußten, zeigen auch Wasserspeicher, die bei Lima aufgefunden wurden.

Fünfundzwanzig Gebiete mit Chavin-Ruinen oder Chavin-Gräbern sind bis jetzt festgestellt. Zu den bedeutendsten Chavin-Orten zählen Cerro Blanco und Punkuri, die Tello in den dreißiger Jahren im Nepeña-Tal entdeckte. In Cerro Blanco fand er an den Mauern Tonreliefs mit roten und gelbgrünen Augen, in Punkuri einen Raubtierkopf aus Lehm und Stein. Der Kopf bewachte ein verstecktes Grab.

Auch im Casma-Tal entdeckten Forscher Pyramidenreste, an denen manches an Chavin erinnert. Eine der Pyramiden gibt besondere Rätsel auf: Cerro Sechin. Sie ist mit Steinpfeilern umstellt, in die Figuren eingemeißelt sind: Krieger mit Hüten auf den Kopf, mit Lendenschürzen und mit Keulen in den Händen. Neben ihnen Entwaffnete, die dastehen, als warteten sie auf ihr Ende. Einer ist bereits durch einen Hieb zerteilt. Die Züge sind von Angst verzerrt, die Hände starr, in dicken Strähnen steht das Haar zu Berge.

Reliefs und Tongefäße aus der Chavin-Zeit erzählen wenig davon, wie die Menschen lebten. Meist sind die Krüge dunkel,

Steinpfeiler von Cerro Sechin

einfarbig, mit Ornamenten wie mit Schlingpflanzen bedeckt. Die Linien wirken so, als habe sie ein Jaguar mit seinen Pranken eingeritzt. Nur wenige Gefäße stellen Gesichter oder ganze Menschen dar. In allen ist ein unheimlicher Zug. Häuser, auf Krüge aufgesetzt, lassen vermuten, wie Chavin-Leute hausten: in Strohdachhütten mit Lehm- oder Feldsteinmauern. Sehr einfach war auch die Bekleidung; im Küstenstreifen war ein Lendenschurz das wichtigste Stück.

Angebaut wurden verschiedene Früchte, so Maniok, Erdnüsse, Pfeffer und Gurken – vor allem Mais. Mais taucht zusammen mit dem Jaguargott auf. Fruchtland war heilig. Niemals wurden Siedlungen auf ihm errichtet. Oft sind die Abfallhaufen, die verraten, wo gesiedelt wurde, weit ab von jedem Ackerboden. Indianer haben weite Wege zu keiner Zeit gescheut. In der Geschichte von Yampellec wird berichtet, daß die Einwanderer den König suchen gingen, nachdem er sich Flügel aus dem Himmel genommen hatte und davongeflogen war. Die Sucher blieben dort, wo sie die Stimme ihres Königs hörten. Sie fühlten sich von einem Ort angerufen. Nicht anders ging es auch den Chavin-Leuten. Sich seinem Ruf zu widersetzen war gefährlich. Mit starrenden Augen zeigte ihnen der Jaguargott den Weg. Er war ein Gott, der immer wieder zuschlug. Durch die andauernde Bedrohung wurde der indianische Mensch genötigt, sich zur Wehr zu setzen.

Felswelt und Wüste drohten ihm: Du wirst verhungern. Der Mensch schuf Ackerbauterrassen. Trockene Flußtäler drohten ihm: Du wirst verdursten. Er baute Wasserspeicher und Kanäle. Sturzfluten drohten ihm: Wir reißen dir dein Haus und Feld ins Meer. Der Chavin-Mensch baute die ersten Dämme. Er trotzte den Naturgewalten ab, was er zum Leben brauchte. Er schuf selber Leben. Tongefäße, die er formte, Stirnbänder, Armreifen, Ohrpflöcke, Ringe und Bartzupfer, aus Gold geschmiedet, Pfeiler, aus Granit geschlagen, sind geladen mit einer Kraft, die kein Gefäß, kein Schmuck, kein Bau aus späterer Zeit verspüren läßt.

Der Jaguargott verlangte Opfer. Die Chavin-Menschen brachten Früchte dar, Tiere – und sich selbst. Kriege wurden nicht um Land geführt, Land gab es genug, sondern um Menschen, die als Opfer am Altar verbluten sollten, und um Trophäenköpfe.

Chavin-Relief: Raubtiergott mit Herz

Blutige Opfer waren noch zur Zeit Pizarros üblich in Peru. Selbst heute werden in versteckten Dörfern dem alten Gott Tieropfer dargebracht. Der Indio, der als Opferpriester auftritt, reckt in den Himmel ein noch schlagendes Lamaherz.

Garcilaso de la Vega, der Inkasproß, erzählt in seiner Chronik einen Vorfall, der sich zutrug, als Garcilasos Vater Oberrichter in der alten Inkahauptstadt Cuzco war. Es gab zu jener Zeit schon christliche Kirchen in Peru, und alle Feste wurden von den Spaniern mit viel Pomp begangen. Die Indianer nahmen daran teil. Sie liebten Feste, und sie waren nun getauft. Zu der Fronleichnamsprozession in Cuzco kamen Abgesandte aller Stämme. In strenggeschiedenen Gruppen zogen sie zu den Altären in den vier Stadtteilen. Vor einen der Altäre trat nun während einer Prozession ein Indianer vom Cañari-Stamm, warf seinen Poncho ab, und alle konnten sehen, daß ein Trophäenkopf an seinem Gürtel hing. Der Indianer prahlte laut vor dem Gekreuzigten mit seinem Kopf. Die Spanier waren starr. Quechua-Indianer stürzten sich auf den Cañari-Mann und hätten ihn erschlagen, wären nicht Spanier eingeschritten. Erbittert schrien Quechua-Indianer: ›Wie kann er sich erlauben, längstvergangene Geschichten aufzuwärmen!‹ Und ihr Sprecher erklärte dem Obersten, der ihn zur Rede stellte: ›Dieser Mann stand zu der Zeit, als Cuzco vom

Rebellen-Inka belagert wurde, auf der spanischen Seite. Bei einem Ausfall hat er den erschlagen, dessen Kopf an seinem Gürtel hängt. Warum soll er sich jetzt noch damit großtun, da wir nicht mehr mit ihm verfeindet sind?‹ — Da sagte der Cañari-Mann, der durch die Schläge übel zugerichtet war: ›Auf nichts bin ich so stolz wie auf den Kopf. Denn er sagt mir: Du warst der Sieger, ich bin der Besiegte. Du hast dein Leben und das meine.‹ — Wieder waren die Quechua-Leute nur gewaltsam davon abzuhalten, den Mann zu töten, und ihr Sprecher, außer sich vor Wut, erklärte nun: ›Nicht er hat den besiegt, dessen Kopf er am Gürtel trägt, sondern der neue Gott, der mit euch Spaniern kam.‹ Und den Cañari-Indianer schrie er an: ›Du weißt genau, daß wir nur deshalb die Belagerung aufgaben, weil dieser Christengott unüberwindlich ist und mächtiger als Viracocha und Pachacamac zusammen. Wir zogen ab, weil wir die Wunder sahen, die er die Spanier tun ließ, jeden einzelnen von ihnen.‹ — Da sagte der Cañari-Mann nichts mehr. Er machte den Trophäenkopf von seinem Gürtel los und legte ihn auf den Altar. Der Streit war nun vorbei.

Der Chavin-Gott war Herr in seinem Reich, das offensichtlich nicht durch Kriege geschaffen wurde wie das Imperium des Inka-Gottes. Waffen finden sich in Chavin-Gräbern selten. Der Jaguargott bedurfte keiner Heere, um zu siegen. Glaubensboten bereiteten für ihn den Weg. Das lasen Forscher von den Funden ab. In die Karte der bisher entdeckten Chavin-Plätze sind alle peruanischen Zonen einbezogen. Der erste Einiger von Peru: der Chavin-Gott.

Er kam mit Urgewalt, doch nirgendwo zerstörte er das Eigene. Bauten, Bildwerke, Gefäße lassen erkennen, daß dieser Gott die Menschen tief ergriff. In kühnen Kurven offenbart sich jene innere Bewegung, die auch in Höhlenbildern zu verspüren ist. Die stärksten Bilder stehen stets am Anfang: wenn noch nichts festgelegt ist, wenn sich der Mensch herausgefordert und gefährdet sieht. Der Eiszeitjäger mußte jede Stunde damit rechnen, dem Mammut oder Höhlenlöwen zu begegnen, dem Bison oder Wollnashorn. Der Chavin-Mensch wußte sich Mächten ausgeliefert, die in der Wüste und im Urwald und im nackten Felsen drohen. Zur Chavin-Welt gehörte auch das Meer. Zahlreiche Fische sind auf Chavin-Reliefs zu finden, sogar der Wal, und nicht nur in den Küstentälern, auch im Hochland — wie umgekehrt das Lama an der Küste auftaucht.

Tello war überzeugt, daß Chavin seinen Ursprung im Urwald hatte und aus dem Hochland an die Küste kam. Uhle, der Deutsche, der als erster Archäologe systematisch in Peru grub, fand Hinweise darauf, daß die ersten Chavin-Tempel am Meer errichtet wurden. Die beiden Großen konnten sich nicht einigen. Andere Archäologen wurden in den Streit gezogen. Bis heute ist er nicht entschieden, wenn auch vieles, das in der jüngsten Zeit gefunden wurde, für Uhle spricht.

In Tlatilco, einer mexikanischen Kultstätte, fanden Ausgräber Scherben, die nach Material und Zierformen von Chavin-Scherben zu unterscheiden sind. Bügelhenkelausguß und Zickzackstempelmuster fanden sich in Mexiko so gut wie in Peru. Eine Raub-

Baumwollgewebe, Ica-Stil

tiergottheit mit Reißzähnen war auch den Olmeken, einem altmexikanischen Volk, bekannt. Erst in den letzten Jahren entdeckten Archäologen in der Küstenebene von Ecuador Metallarbeiten und Gefäße, mit Chavin-Formen nah verwandt. Mais wurde in Mexiko und Yukatan fünfhundert Jahre früher angebaut als in Peru. Der Deutsche sah mit kritischem Blick als erster jene ›Brücke‹, die von mexikanischen Frühkulturen zu Chavin hinüberführt.

Neueste Forschungen haben ungefähr das Jahr 1000 v. Chr. für einen ersten peruanischen Maisanbau ergeben. Zusammen mit dem Mais treten vollendete Goldarbeiten, Krüge, Stelen auf, auch Bauten, die in ihrer Art vollkommen sind. Vorher wurde Ton nur roh geformt. Körbe und Gewebe waren von einfacher Art. Wie kommt es zu diesem Sprung?

Es liegt nahe, an Einwanderer zu denken, die als Lehrer kamen, nicht als Lernende; die im Bereich der Töpferei, der Baukunst und in allen andern Künsten sich so sicher fühlten wie der Vogel in der Luft, der Fisch im Wasser. In zahlreichen Mythen wird von Floßfahrern berichtet, die von Norden kamen. ›Yampellec kam mit viel Volk und brachte einen großen grünen Stein mit, um den ein Tempelbau errichtet wurde.‹ Forschungen machen mehr und mehr wahrscheinlich, daß der Chavin-Gott mit den Seefahrern kam. Er ist nicht nur Jaguar, auch Kondor – wie in der mexikanischen Federschlange vereinen sich im Chavin-Gott Mond- und Sonnenzüge. An ihm finden sich all jene Zeichen, die abgewandelt auch am Gott von Tiahuanaco zu entdecken sind und auch am Inka-Gott. Es ist ein Gott, den zu verschiedenen Zeiten die Peruaner mit verschiedenen Augen sahen. Falls Uhle recht behält, so legte dieser Gott erst einen Weg über ein Meer zurück, ehe er zum Gott der Peruaner wurde. Die vielen Häupter auf dem grünen Stein von Chavin deuten einen Ursprung an, der weit zurückliegt, vielleicht auch räumlich fern. Auch für die Menschen stellte der Häupterturm die Huaca-Frage: von woher?

Wie sah das Leben der Peruaner aus, bevor sie Chavin-Leute wurden, Volk von Tiahuanaco, Inka-Untertanen? Was wissen davon jene Abfallhaufen, die in der Zeit der ersten Siedlungen entstanden? Was fanden die Ausgräber in der tiefsten Schicht?

Erste und letzte Entdecker

In der Huaca Prieta, dem zwölf Meter hohen Abfallhaufen am rechten Ufer des Chicamaflusses, den Junius Bird vor einigen Jahrzehnten anschnitt, fand der amerikanische Forscher Überreste auch aus einer Zeit, in der von Mais, von Goldarbeiten und von Töpferei in ganz Peru noch nichts bekannt war. An der gesamten Küste wurden ›dunkle Huacas‹ gründlich untersucht. Der Franzose Frédéric Engel fand in den vergangenen zehn Jahren dreißig solcher Abfallhaufen – alle an der Küste. Dunkle Huacas muß es auch im Hochland gegeben haben. Dort sind die Überbleibsel in der feuchteren Luft verrottet; Wetterstürze wuschen sie vom felsigen Boden. Doch ist in Felsen manches Bild erhalten: Jagdszenen, Lamapferche ... An der Küste sorgten Wüstensand und Wüstenhauch dafür, daß nach fünftausend Jahren noch genug zu finden blieb – für Ausgräber, die spätesten Entdecker.

Bird, Engel, Bennett, Kroeber, Strong und Larco Hoyle, all jene Archäologen, die ›bis auf den Grund‹ der peruanischen Vorgeschichte dringen wollten – was fanden sie in jenen Hügeln, die aus Menschenhänden ›abgefallen‹ waren?

Da gab es Angelhaken – Anzeichen dafür, daß die ersten Siedler fischten. Netze und Bootsreste verrieten, daß die Fischerei nicht nur vom Ufer aus betrieben wurde. Wo es flach war, wateten die Fischer weit hinaus, wie sie das heute noch in manchen peruanischen Buchten tun. Muscheln, die aus größerer Tiefe stammen, lassen auf erfahrene Taucher schließen, Knochen von Seelöwen auf tüchtige Jäger. Die Netzränder wurden durch Flaschenkürbisse getragen; durchbohrte Steine sorgten dafür, daß der Bauch der Netze weit genug durchhing. Bird entdeckte runde Wohngruben, von Walfischknochen überdacht, mit Kieseln ausgelegt. Er stellte fest, daß Netze, Beutel und Tuchreste aus Baumwolle und Wolfsmilchfasern waren — aus unregelmäßigen Fäden mangelhaft geknüpft. Nicht nur Zickzackmuster waren auf den Stoffen, auch Schlangen, Katzen, Vögel, Fische — und was das Wesen dieser Tiere ausmacht, das ist mit unfehlbarem Blick erfaßt. Engel fand in seinen Huacas Schlitzgewebe, Schleier und Umhänge, mit den Federn bunter Vögel reich verziert. Ketten aus Muscheln und durchbohrten Kernen, Ohrpflöcke, rot bemalt, Spiegel aus glattgeschliffener Lava ... seit frühesten Zeiten war der Mensch auf Schmuck bedacht. Daß sich die Jäger für die Jagd und jedes Fest bemalten, ist erwiesen. Zu den wichtigsten Geräten zählten Hammersteine, Schaber, Flintsteinmesser. Früchte, Fleisch und Fische wurden auf heißen Steinplatten geröstet. Gekocht wurde in Kürbissen auf eine Art, die viel Geduld erforderte: Der Kochtopf stand nicht auf dem Feuer, sondern neben ihm; durch heißgemachte Steine wurde das Wasser in den Kürbissen nach und nach erhitzt.

Das meiste, was die Küstenleute zum Leben nötig hatten, bekamen sie vom Meer. Doch waren sie nicht nur Fischer. Sie bestellten Felder. Das hielt sie an der gleichen Stelle fest. Sie mußten warten, bis die Zeit der Ernte kam.

Die frühesten ansässigen Peruaner waren hochbegabte Gärtner. Mehr als dreißig Nutzpflanzen wurden in Peru gezüchtet, mehr Arten als sonst irgendwo in Altamerika. Sehr viele unserer heutigen Nahrungsmittel stammen aus Peru: Erdnüsse, Ananas, Kakao und Tomaten, Paprika, Erdbeeren, Brombeeren, verschiedene Bohnen ... Die Hochlandindianer zogen mehr als hundert Sorten von Kartoffeln: weißgelbe, braune, rotbraune und purpurfarbene, süße und herbe, frostharte, die noch in fünftausend Meter Höhe wachsen, und Hochlandkorn, das sich in Gletschernähe hält. Die frühesten Pflanzer wußten die Natur zu überlisten.

Durch Jahrtausende lebten sie auf die gleiche Weise — bis Mais in ihrer Welt erschien. Mais bringt ergiebige Ernten. In manchen Gegenden von Yucatan und auch Peru brauchen Maisbauern nur fünfzig Tage im ganzen Jahr zu arbeiten, um sich und ihre Frau und ihre Kinder zu erhalten. Die ersten Maisbauern bauten die ersten Ziegelhäuser, sie machten auch die ersten Tongefäße – Kürbissen ähnlich, unten häufig spitz, damit man sie in weichen Boden drücken konnte. Die Krüge waren kaum verziert und schlecht gebrannt. Auch die Gräber der ersten Pflanzer waren einfach, ihre Grabbeigaben ziemlich dürftig. Oft war ein Beutel mitgegeben, in dem ein paar Kerne waren oder trockene Blumen, weiter nichts.

Vor diesen frühen Siedlern gab es in Peru, in ganz Amerika die frühen Jäger. Bird fand im südlichsten Patagonien ihre Spuren. Bereits um 8000 v. Chr. jagten sie dort Urbison, Urpferd, Guanaco und das Riesenfaultier. In Peru hat Bird Unterschlupfe aufgedeckt, in denen Horden vorübergehend eine Bleibe gefunden hatten. Speerspitzen, Klingen, Schaber wurden dort gefunden. Durch ganz Amerika sind Steinspitzen verstreut, die wenigstens zehntausend Jahre alt sind. Bei Quito wurden Reste eines Mastodons entdeckt, erlegt von Jägern. 1952 stießen amerikanische Forscher im Tal von Mexiko auf Mammutknochen, bei denen Faustkeile und Steinmesser und steinerne Speerspitzen lagen. Die frühen Jäger hatten Speerschleudern, sie rieben Feuer aus gewissen Hölzern, um Mammut, Urpferd, Bison aufzuschrecken. Zu jener Zeit gab es im ganzen Kontinent noch große Wasserschweine, es gab das Gürteltier und riesige Schildkröten. Amerika war länger als die andern Erdteile ein Paradies für Tiere und für Pflanzen. Und woher kam der Mensch in dieses Paradies?

Antonio de la Calancha vertritt in seiner Chronik folgende Ansicht: ›Die Menschen, die Amerika bevölkerten, waren Tataren, Eroberer mit dem Drang, sich fremder Länder zu bemächtigen und sich über andere zu Herren aufzuschwingen. In dieser Absicht brachen sie von Asien auf und zogen nach Peru. Sie zogen von der Tatarei bis nach Estotilandia, und das sind neunzig Grad von West nach Ost, das heißt 1575 spanische Meilen. Von diesem Punkt bis Lima sind es wieder neunzig Grad – von Nord nach Süd. Zusammen gibt das einen Weg von insgesamt 3150 spanischen Meilen, und wenn man sieben Meilen Tag für Tag marschiert, so kann man von der Tatarei bis Lima in vierhundertfünfzig Tagen kommen, auch bei erschwerten Wegverhältnissen ...‹

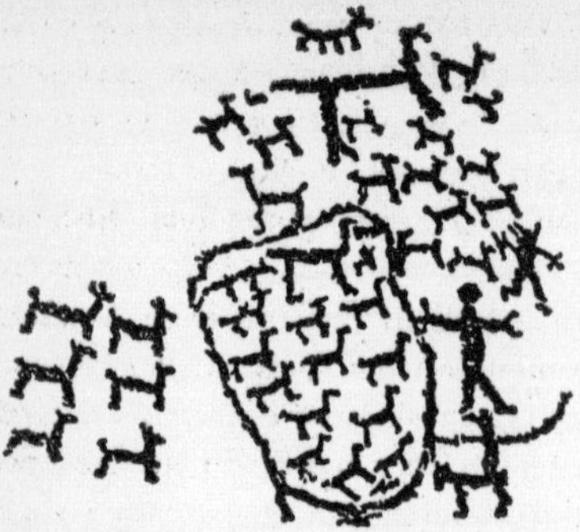

Felsbild: Hirt mit Lamaherde

Soweit der Chronikschreiber, der ein Pater war. Er irrte, wenn er glaubte, daß der weite Weg in absehbar kurzer Zeit bewältigt wurde. Den Weg selbst hat er klar erkannt. Er irrt nicht, wenn er von Tataren spricht. Noch heute findet sich bei Indianern häufig der Mongolenfleck. Calancha hat auch recht, wenn er bemerkt, daß sie ›marschierten‹. Die frühen Jäger, die als erste durch Amerika streiften, waren trockenen Fußes in den neuen Kontinent gelangt. Amerika und Asien hingen damals noch zusammen. Da ungeheure Eismassen viel Wasser banden, lagen die Meeresspiegel etwa hundert Meter tiefer. Im Norden gab es eine Brücke von Sibirien nach Alaska. Die Jägerhorden, auf der Spur von Bisonherden und dem Mammut, mußten gelegentlich Eisriegel übersteigen – Wasser war ihnen nicht im Weg bei ihrem Vormarsch. Ungehindert konnten Scharen langschädeliger, bartloser, schlitzäugiger Mongolen mit Steinbeilen, Keulen, Speeren nach Nordamerika hinüberziehen. Nur dauerte es einige tausend Jahre, bis sie nach ›Lima‹ kamen. Ausgräber fanden in Alaska ihre Spur; 1947 wurde bei Tepexpam in Mexiko ein vollständiges Menschenskelett zusammen mit den Überresten eines Elefanten aufgefunden; in Nicaragua wurden 1949 die Fußabdrücke von siebzehn Menschen, benachbart mit Bisonspuren, untersucht. Die Spuren waren unter einer Lavaschicht begraben und waren deutlich ›wie am ersten Tag‹.

Der ›erste Tag‹, an dem asiatische Jäger den ersten Bison auf amerikanischem Boden stellten – wie weit liegt er zurück, wie viele tausend Jahre? Zwölf, fünfzehn, vielleicht auch noch mehr, sagen die Archäologen. Ein paar Jahrtausende weniger oder mehr sind da nicht entscheidend. Der Weg ist wichtig, und es war ein weiter Weg.

Der Mensch der Frühzeit war ein Wanderer, stets getrieben von Hunger und von Angst, vom Unbekannten magisch angezogen. Die frühen Jäger waren die geborenen Entdecker. Überstandenen Schrecken schüttelten sie ab wie Wölfe, deren Fell bis auf die Haut durchnäßt ist, begierig auf ein neues Abenteuer. Stets auf der Flucht vor Langeweile, stets im Angriff auf ein Ziel, das noch im Unentdeckten lag, so suchten sie jagend, früchtesammelnd ihren Weg. Ihn fanden Forscher durch den ganzen Kontinent mit Speerspitzen und Steinmessern belegt.

Die stärkste Waffe dieser Frühesten war die Fähigkeit, sich jeder neuen Lage anzupassen; der Steppe und der Wüste, auch dem Urwald und der felsigen Öde. Von Norden her erstiegen sie das Andenhochland. Sie fanden eine Welt, vom Wind zersägt, durchhallt vom Donner stürzender Schneemassen, vom Grollen unterirdischer Feuerherde. Sie drangen in die Puna ein, die große Leere, in der die Dinge starr sind und voller Aufruhr, stumm

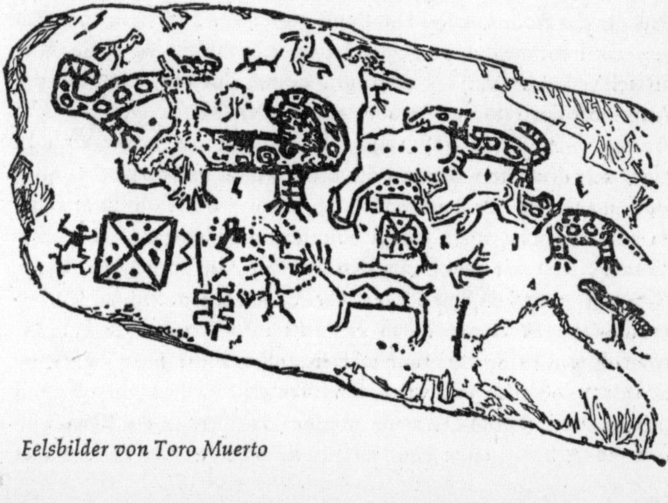

Felsbilder von Toro Muerto

und beredt zugleich. Hier war ein Feld, das Fürchten zu verlernen; denn hier war alles tot, und alles lebte.

Da lebten in der Puna einst zwei Brüder. Sie hatten beide Frau und Kinder. Doch war der eine reich, der andere arm. Der Reiche lud sich eines Tages Gäste ein. Er feierte den Tag, an welchem einem seiner Söhne die Haare kurz geschnitten wurden. Das war ein großer Tag. Der Sohn bekam nun einen Namen für sein Leben, natürlich auch Geschenke von den Gästen. Im Haus des Reichen ging es hoch her. Da kam der arme Bruder an die Tür. Die Gäste fragen: Wer ist das? – Nur einer meiner Knechte, erklärte der Reiche laut. Der Arme hörte es und ging. In seine Brust war nun ein Loch gestoßen. Ein schwarzer Vogel setzte sich hinein. Der Vogel sprach: Dein Bruder hat sich von dir losgesagt. Es ist nicht mehr als recht und billig, wenn auch du das tust. – Der Arme aber brachte es nicht über sich. Wie er es auch an andern Tagen machte, zog er auf Kräutersuche aus, um seiner Frau und seinen Kindern etwas heimzubringen. Doch irrte er umher, als sei er blind, fand weder Früchte, Wurzeln, Kräuter und war zuletzt am Ende seiner Kräfte. Er setzte sich zu einem großen Felsen, und zu ihm sagte er: Wie ist das möglich, daß ein Bruder sich von seinem Bruder lossagt? Muß in mir dieser schwarze Vogel hocken? – Da sprach der Felsen: Laß den Vogel fliegen! Hör an, was dir die Puna sagt! – Die Puna sagte: Wenn dein Bruder sich von dir losschneidet, so schneidet er in seine eigene Seele. Nur du selbst kannst dir etwas antun. Komm mit mir! Da ging der Arme mit der Puna. Sie trafen einen alten Mann. Der gab dem Armen einen Stein und sagte: Wenn dich die Nacht einholt, klopf mit dem Stein dort an die Erde, wo du gerade bist! – Eilig machte sich der Arme auf den Weg, um vor der Nacht nach Haus zu kommen. Bei einem Hügel holte ihn die Nacht ein. Er klopfte an den Hügel mit dem Stein, den ihm der Alte mitgegeben hatte. Nun sah er, daß da eine Höhle war. Er setzte sich hinein. Und so groß war sein Hunger, daß er nicht mehr wußte, ob er lebte oder ob er tot war. So müde war er, daß er nicht mehr wußte, ob er wachte oder ob er schlief. So fürchterlich allein bin ich noch nie gewesen, dachte der arme Bruder. Da hörte er die Puna wieder reden. Sie sprach: Hier ist für dich ein weißer Brei. – Der

Hügel sprach: Hier ist für dich ein gelber Brei. — Die Höhle sprach: Hier ist für dich ein roter Brei. — Drei Schüsseln standen plötzlich vor dem Armen. In allen Schüsseln dampfte Brei. Der Arme aß und ließ in jeder Schüssel noch genug für seine Frau und seine Kinder. Dann schlief er ein. Als ihn am andern Tag die Sonne weckte, nahm er die Schüsseln von der Erde, und nun war Silber aus dem weißen Brei geworden und Kupfer aus dem roten Brei und aus dem gelben pures Gold. Glücklich kam der Arme, der nun reich war, heim. Nun aber sprach sein Bruder zu ihm: Wo hast du es gestohlen, dieses Kupfer, dieses Silber, dieses Gold? — Der Glückliche erzählte ihm sein Abenteuer. Alles wollte der Bruder wissen, und dann ging er hin zu dem Alten und zur Höhle. Auch er klopfte mit einem Stein an, ihm aber gab der Hügel nur ein zottiges Fell; die Höhle, die sich auftat, gab ihm Hörner; die Puna gab ihm einen zottigen Schwanz. Verwandelt in ein Tier kam er nach Hause. Niemand erkannte ihn, nicht einmal seine Söhne. Seitdem irrt er in der Puna heimatlos umher.

Alles in der Puna steckt voll Zauber, jedes Ding ist unheimlich lebendig, auch wenn es so tut, als sei es tot. Indianer wissen das. Bis heute sind bei ihnen Zauberer hoch angesehen. In den ältesten Zeiten war der Zauberer allmächtig. Sein Blick drang durch Fels und Finsternis. Wenn er wollte, löste sich ein Kopf vom Körper, rollte fort und kam zurück; auch der Schläfer, dem der Kopf davongerollt war, wußte beim Erwachen, was sein Kopf gesehen hatte. Mit bestimmten Formeln band der Zauberer Felsen, damit sie nicht bis in die Dörfer kommen konnten. Er wußte Lieder, die den Hagel in der Luft festhalten, und Tänze, die Krankheiten aus den Dörfern treiben. Er griff nach dem Mond, der Mond wurde für ihn zu einem Boot, mit dem er von einem Seeufer zum andern fuhr. Durch den richtigen Zauber wurde aus einem Fisch ein Vogel, aus einem Stein ein Mensch, aus einem Fuchs ein Feuer, das von Stein zu Stein springt.

In der Welt der frühen Jäger waren Götter, Menschen, Tiere, Pflanzen, Himmel, Erde eins. Alles konnte noch zu allem werden. Und die Dinge lagen auf der Lauer. Daher hieß es, auf der Hut zu sein. Nur der Zauberer sah in die Dinge, und jeder, dem er seine Augen mitgab; eine Muschel, einen kleinen Stein. — Nur der war sicher, der erkannte, was ein Ding von ihm erwartete. Ohne Zauberhilfe fühlte sich der frühe Mensch verloren. Vor der großen Leere graute ihm, er hatte Angst. Eines Tages fand er ein Rohr, das Löcher hatte, und er hörte, wie der Wind hineinblies. Er nahm nun selbst das Rohr und blies hinein. Die Leere um ihn füllte sich mit Tönen. Die Dinge kamen, um dem Flötenbläser zuzuhören. Sie versammelten sich um ihn, und nun blieb für die Angst kein Platz mehr. Die Flöte war entdeckt — in einem Rohr. Andere entdeckten, daß in den Kakteen Nadeln steckten, mit denen man nähen konnte, im Ichugras Matten und Hüttendächer, in Algarrobobäumen Leim und Brennholz, Boot und Segel im Totoraschilf. Auf Schritt und Tritt wurden die Frühesten zu Entdeckern.

Auf ihren weiten Wegen kamen sie dahinter, wie sie es machen mußten, um der Erschöpfung Herr zu werden. Sie packten ihre Müdigkeit in einen Stein; den legten sie an einer Stelle nieder, an der schon andere einen Stein zurückgelassen hatten. So wuchsen kleine Türme auf, Wegweiser, die dem Wanderer sagten: An mir kannst du dich aufrichten, hier geht es weiter. Die Wanderer entdeckten, daß sie unermüdlich waren, unbesiegbar. Nichts hatte sie aufhalten können, weder Eis noch Stürme, nicht Wüstensand noch Urwald, auch nicht nackter Fels. Nach und nach lernten sie, sich im Unheimlichen zu behaupten.

Sie gingen ihren weiten Weg und drückten einem Erdteil deutlich ihre Züge auf. Zu Recht fiel die peruanische Erde ihnen zu, den frühesten Entdeckern.

Die Ausgräber sind ihre späten Brüder. Auch sie sind nicht von ihrem Wege abzubringen, weder durch Schnee und Regen noch durch Wüstenstaub und Sand. So wie die Jäger sich zusammentaten, Mammute zu erlegen oder eine Bisonherde einzukreisen, so gehen Archäologen manches Feld von vielen Seiten an. Weil sie Begrabenes zu neuem Leben wecken, gehört Peru auch ihnen mehr als denen, die vor vierhundert Jahren als Zerstörer kamen, blind für alles, was da war, nur nicht für Gold.

Auch für Ausgräber hat Gold magischen Glanz. Auch Forscher fiebern, wenn bei einer Grabung Goldgeräte, Goldmasken und Goldschmuck aus der Erde tauchen. Doch sehr oft sind Stoffetzen,

Boot und Segel aus Totora-Schilf

Tonscherben oder Federn für sie von größerem Reiz: wenn es Zusammenhänge aufzudecken gilt. Als Bird in der Huaca Prieta Rindenreste fand, die zweifellos von Bäumen aus dem östlichen Urwald stammten, war das für ihn ein großer Tag. Er hatte greifbar den Beweis in Händen, daß es bereits in frühester Zeit Verbindungen über ganz Peru hinweg gegeben hatte. Der Forscher, der bei Nazca auf ein Papageienheiligtum stieß, fand einen weiteren Beleg dafür. Zahlreiche Funde deuten darauf hin, daß die Gebirgler Kolonien an der Küste hatten. In allen Küstentälern wurden Rohrsärge gefunden, mit Lamaschulterblättern ausgestattet.

In seinen Ausgräber-Erinnerungen berichtet Disselhoff ein Abenteuer, höchst aufschlußreich für das, was Archäologen fertigbringen. Von Arequipa aus war Disselhoff zu einem ›Bilder-

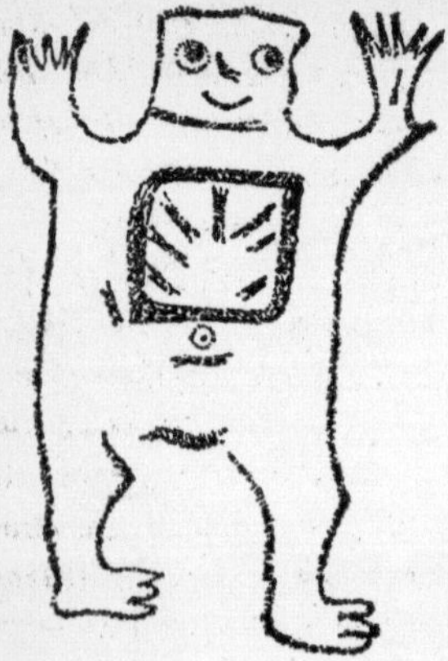

Felsbild: Jaguarmensch

buch‹ gepilgert, von dem ihm ein peruanischer Forscher einiges berichtet hatte. Es lag in völliger Öde aufgeschlagen, vielmehr verstreut auf Hunderte von Felsen. In Steine waren ungezählte Zeichen und Bilder eingegraben: Kreise, Punkte, Tierköpfe, Figuren, Masken, Hirsche, Füchse, Eidechsen und Schlangen – am häufigsten der Jaguar. Geschichten wurden da erzählt: Ein Lamahirt beschwört die Herde, ihm zu folgen; ein Jaguarmensch hat seine Brust geöffnet wie ein Fenster und hebt seine Pranken auf ... Disselhoff denkt an Cerro Sechin, die Krieger und die Waffenlosen auf den Chavin-Pfeilern, die Tello freigelegt hat. Toro Muerto heißt der Platz mit den zahllosen Zeichnungen auf nacktem Fels.

Disselhoff war dabei, Aufnahmen von den Felsbildern zu machen. Ein Stein war an der Reihe, auf dem Schlangen waren, tanzende Menschen und ein Hirsch. Der Apparat war eingestellt. Ein prüfender Blick aus freiem Auge ging noch einmal zu den Bildern – sie waren fort, wie weggewischt. Nichts mehr war auf dem hellen Stein zu sehen. Verwirrt trat Disselhoff zwei Schritte näher. Und da: sobald den Stein sein Schatten überzog, war auch die Bildgeschichte wieder da. Die Tanzenden, der Hirsch, die Schlangen kamen aus dem Stein, hervorgezaubert durch den Forscherschatten. Er machte sie der grellen Sonne streitig.

Manche der peruanischen Felsbilder erinnern an die Bilder der Valtorta-Schlucht, der Sahara, Norwegens und Sibiriens. Hier wie dort Bildgeschichten, aufgezeichnet in einer Schrift, die seit Jahrtausenden ihren Sinn verbirgt. Vermutlich wird niemals ein Forscher kommen, der diese Zeichen eindeutig richtig lesen kann.

Aber vieles von dem, was noch vor einigen Jahrzehnten in tiefem Dunkel lag, ist heute aufgehellt. Vergleiche mit Fundstätten außerhalb des Inkalandes helfen weiter. Nahe der mexikanischen Hauptstadt liegt das Lavafeld Copilco. Durch eine Lavadecke, die an manchen Stellen zehn Meter stark ist, trieben Archäologen Stollen. Sie holten aus den überdeckten Schichten Funde, die eine Hochkultur vermuten lassen, viertausend Jahre alt. In einem argentinischen Wüstental wurden auf einem fünfzehn Kilometer langen Uferstreifen fünftausend Krüge, Schalen, Flaschen ausgegraben, aus Gräbern, fünf bis sechs Meter tief in der Erde. Heute ist dieses Tal gespenstisch öde, nur da und dort steht noch ein sterbender Baum. Vor Tausenden von Jahren hatten hier Siedlun-

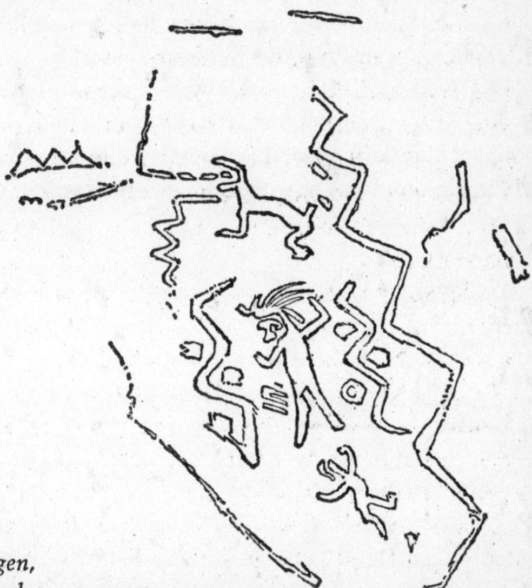

Felsbild mit Schlangen, Tanzenden und Hirsch

gen gestanden, Wälder! Ein reiches Leben hatte hier geblüht. Von den fünftausend Tongefäßen gleicht nicht eins dem andern. Nur die Motive wiederholen sich: Jaguar und Kondor, Kreis und Kreuz und Schlange, Federstabtänzer und – Affen, die Pfeife rauchen. Geometrische Muster und streng stilisierte Tiere lassen an das Reich der Riesen denken, und auch der ›Tränengott‹ auf manchem Krug erinnert an die Kunst von Tiahuanaco.

Noch sind mehr Fragen offen als gelöst. Sehr vieles steckt noch in peruanischer Erde. Heute kommen die Forscher aus der ganzen Welt. Immer mehr Peruaner rücken in die Reihen der Entdecker ein, auch solche, die indianisches Blut in den Adern haben.

Einer von ihnen brachte es zum führenden Archäologen: Julio César Tello. Er holte seine Lehrer ein, und ihm, dem Indianer, fiel mehr zu als jedem anderen Forscher. Rund 82 000 Funde sind ihm zu verdanken. Fünfzig Expeditionen führten ihn durch ganz Peru. Tello hat sechs Museen eingerichtet. Seine bedeutendste Entdeckung: Chavin. Die Leidenschaft zu forschen wurde bei ihm früh geweckt. Als Junge von zehn Jahren sah er einen Schädel, der aufgemeißelt und mit Gold verschlossen war. Der eine Augenblick entschied sein Leben. Seitdem wollte er nur eins: entdecken. Als er starb, da hatte er so viel gefunden, daß er nicht alles weitergeben konnte. Viele Erkenntnisse nahm er mit in sein Grab. Unermüdlich hat er sein Land durchforscht – ein später Nachfahr jener Eiszeitjäger, die auf peruanischer Erde zu Pflanzern und Städtegründern geworden waren.

Felsbild: Figur mit Sonnenhaupt

Kleines altperuanisches ABC

Acllahuasi Schule für ›erwählte Mädchen‹, die zu Inka-Nebenfrauen oder für Tempel- und Residenzdienste ausgebildet wurden.

Adobes Sonnengetrocknete Lehmziegel, deren Formen auf das Alter der Bauwerke schließen lassen.

Altperu Peru vor Pizarro: eine Welt ohne Rad, Töpferscheibe, Glas, Milch, Pferde, Kühe und – bis etwa 10 000 v. Chr. – auch ohne Menschen. Besiedelt wurde Peru von Norden her auf dem Landweg, später auch über das Meer von Norden her. Seit etwa 1000 v. Chr. prägten sich Hochkulturen aus, die ineinander übergingen und einander ablösten. Große Leistungen, besonders auf den Gebieten der Töpferei, Weberei, Goldschmiedekunst, Baukunst, der Züchtung von Nutzpflanzen, Anlage von Bewässerungswerken, Straßen und Brücken und schließlich der Staatenbildung. Die Spanier fanden Peru weitgehend erschlossen vor und in manchen Gebieten sorgfältiger bestellt, als dies heute der Fall ist.

›Peru‹ ist vermutlich vom Flußnamen Biru abgeleitet; nach einigen Forschern von Pirua, dem Namen eines sagenhaften Reiches der peruanischen Frühzeit.

Amauta Könige des sagenhaften Piruareiches; zur Inkazeit Berater und Lehrer des Inka und der Elite.

Apurimac ›Großer Sprecher‹, Fluß an dem Machu Picchu liegt, die von Hiram Bingham entdeckte Ruinenstadt.

Ayllu Großsippe, deren Angehörige sich als Nachfahren eines gemeinsamen Ahnherrn betrachteten, der als Huaca verehrt wurde. Dem Ayllu gehörten Felder und Weiden gemeinschaftlich.

Aymará Indianervolk des Hochlandes, besonders um den Titicacasee, vermutlich Schöpfer der Hochkultur von Tiahuanaco.

Balsa Flöße und floßartige Fahrzeuge aus Balsastämmen, Binsen, Rohr oder Schilf, getrockneten Tierhäuten oder Kürbissen. Aus walzenförmigen Schilfbündeln wurden kleine leichte Boote (Caballitos = Pferdchen) zusammengebunden, die jede Nacht zum Trocknen an Land gezogen werden mußten.

Borla Rote Stirnbinde des Inka.

Cajamarca Hauptstadt eines kleinen indianischen Königreiches im nördlichen Hochland, das etwa 1450 dem Inkareiche einverleibt wurde. Dort heiße Bäder. In Cajamarca wurden zweimal ungeheure Schätze zusammengetragen: nach dem Inkasieg über die Chimu und nach dem Sieg der Spanier über Atahualpa.

Camayoc ›Herr‹, ›Gebieter‹, Beamter des Inkareiches.

Cañari Hochlandstamm im heutigen Ecuador, der sich erbittert gegen die Einbeziehung ins Inkareich wehrte, dann aber die Leibwache des Inka stellte.

Chasqui Läufer, Bote. Chasquistafetten überbrachten mit erstaunlicher Schnelligkeit Nachrichten und kleinere Sendungen, so etwa Fische und Früchte von der Küste nach Cuzco. Sie kündigten sich durch Muschelhörner an.

Chavin Früheste uns bekannte peruanische Hochkultur, deren Ausstrahlung in fast ganz Peru nachzuweisen ist. Beginn vermutlich um 1000 v. Chr. Bisher entdeckte Hauptorte: Chavin de Huantar, Kuntur Huasi, Cerro Blanco, vermutlich auch Cerro Sechin. Ursprung umstritten. Eine kultisch geprägte Kultur, die auch in erregenden Bauten, Gefäßen und Geweben ihren Ausdruck fand. Die beherrschende Gottheit trägt dräuende, raubtierhafte Züge. Chavin-Elemente blieben in abgewandelter Form bis in die Inkazeit wirksam.

Chicha Maisbier. Von den zu seiner Herstellung verwendeten Maiskörnern wurde ein Teil gekaut und zur Beschleunigung der Gärung in den großen Topf gespuckt. Chicha war in Altperu sehr beliebt und wurde bei Festen in großen Mengen genossen.

Chimu Das bedeutendste der Königreiche an der Küste. Blütezeit 1200 bis 1450. Dann dem Inkareich einverleibt. Hauptstadt war Chan-Chan (›Schlangenstadt‹), mit zehn Quartieren über eine Fläche von fast 20 qkm verteilt.

Chincha Das südliche der Kleinen Königreiche an der Küste.

Coca Blätter der Cocapflanze wurden im alten Peru zusammen mit Kalk gekaut: zur Minderung des Hungergefühls und um in der dünnen Hochlandluft das Herz zu entlasten.

Conquistadoren ›Eroberer‹. Als der Eroberer des Inkareiches gilt Pizarro, der mit seinen Brüdern und weiteren 164 Mann nach jahrelangen Vorbereitungen den Vorstoß ins Herz des Inkareiches wagte und in Cajamarca den letzten Inka in die Falle lockte und hinrichten ließ. Laut

Vertrag stand seinem Gefährten Almagro ein gleicher Anteil an der ungeheuren Beute zu. Pizarro fand seinen Konkurrenten mit der wenig ergiebigen Südhälfte des Reiches ab. Almagro brach zu seinem berühmten Zug nach Chile auf und kehrte gerade zur rechten Zeit zurück, um zur Rettung der in Cuzco und Lima belagerten Pizarrobrüder beizutragen. Er wurde auf Befehl Pizarros hingerichtet. In den Augen vieler Forscher ist Almagro ›der bessere Mann‹.

Coricancha ›Goldhaus‹, Haupttempel des Inkareiches in Cuzco. Inmitten der Götter, die als Goldgestalten nachgebildet waren, thronte das Bild des höchsten Gottes, ein Ur-Ei, aus dem alles Leben hervorging. Im Nachlaß eines jener ersten peruanischen Bischöfe, die sich als Eiferer gegen indianische Frömmigkeit einen Namen machten, fand sich auch eine Zeichnung des ›Hochaltars‹ aus dem Coricancha von der Hand des Indianers Pachacuti Yamqui Salcamayhua.

Coya Hauptfrau des Inka.

Cuismancu Das mittlere der Kleinen Königreiche an der Küste.

Curaca Würdenträger im Inkareich, auch besiegte Fürsten ehemals selbständiger Gebiete.

Curuchec ›Das zum Fließen bringt‹ – indianisches Wort für Blei, das zum Schmelzen von Silber verwendet wurde.

Cuzo ›Die Vierfache‹, mit den Stadtteilen Hurin (Oberstadt) und Hanan (Unterstadt), Hauptstadt des Inkareiches mit großen Tempeln und Palästen. 1535 bei den Kämpfen zwischen Inkavolk und Eroberern zerstört, neu aus den Trümmern erbaut. Bei Erdbeben, besonders im Jahre 1950, kamen alte Inkamauern unzerstört zum Vorschein.

Guano Vogelmist, durch den Felderträge auf das Dreißigfache gesteigert werden können.

Hailli Der Jubelruf des Inkavolkes.

Huaca ›Heiligtum‹, später als Bezeichnung für jede Fundstätte und jeden Fund verwendet. Genaue Bedeutung: Ich-von-her = von dem ich herkomme = Urahn, der am Ort seiner Geburt beim Tode in einen Baum, einen Stein oder in ein Tier verwandelt wurde.

Huaca Prieta Fundstätte nahe der Mündung des Chicamaflusses an der Nordküste. 1946 wurden hier Spuren für eine frühe Besiedelung gefunden. Eine Datenreihe konnte aufgestellt werden, die bis fast in das Jahr 3000 v. Chr. zurückreicht.

Huaca del Sol ›Sonnenpyramide‹ bei Trujillo, eine Fünfstufenplattform (228 mal 136 m). Gesamthöhe 41 m. Zu ihrem Bau wurden schätzungsweise 13 Millionen rechteckige Adobes gebraucht. Unweit der

›Sonnenpyramide‹ steht die ›Mondpyramide‹, eine sechsstufige Plattform, die Tempelreste trägt, an deren Wänden Fresken gefunden wurden. Errichtet wurden diese Tempelpyramiden zur Zeit der Mochica-Kultur.

Huacha Cupac ›Die sich der Unglücklichen annimmt‹, Ehrenname der Coya.

Huaquero Schatzsucher, Grabräuber, Sammler. Ein ganzes Heer von Zerstörern hat einige Jahrhunderte lang in Peru gehaust.

Ichu Hochlandgras.

Ichuri Beichtpriester im Inkareich.

Inka Die Spanier bezeichneten mit ›Inka‹ nicht nur das Quechuavolk, sondern alle Indianerstämme, die zum Inkareich gehörten. Streng genommen und ursprünglich meint ›Inka‹ den Ayllu, aus dem die Herrscher hervorgingen, und die dreizehn dem Namen nach bekannten Herrscher selbst:

Manco Capac, Sinchi Roca, Loque Yupanqui, Mayta Capac, Capac Yupanqui, Inka Roca, Yahuar Huacac, Viracocha Inka, Pachacuti, Tupac Yupanqui, Huayna Capac, Huascar, Atahualpa.

Die eigentlichen Reichsschöpfer sind Pachacuti (1438–1471), Tupac Yupanqui (1471–1492) und Huayna Capac (1492–1527). Nach fünfjährigem Bürgerkrieg siegte Atahualpa über den legalen Erben Huascar. Die Inka waren Herrscher, Krieger und Staatsmänner, die von ihrer Sendung überzeugt waren. Ihr weiträumiges Reich errichteten sie in weniger als hundert Jahren. Durch Unterdrückung politischer Selbständigkeit und kulturelle Duldung gelang es den Inka, den größten Machtblock in Altamerika zu schaffen.

Inti Die Sonne, der Sonnengott.

Intihuatana ›Sonnenstein‹: Felspfeiler, an den die Sonne bei der Sonnenwende magisch ›gebunden‹ wurde.

Inti-Raymi Sonnenfest.

Kalender Astronomie spielte in Altperu bereits in früher Zeit eine Rolle. Das geht nicht nur aus Tempelanlagen, Sonnensteinen und den riesigen ›Scharrbildern‹ an der Südküste hervor, sondern auch aus überlieferten Mythen.

Kero Becher der Tiahuanaco- und Inkazeit.

Kulturen in Altperu Auf die Großen Jäger und die Frühen Pflanzer folgten die Hochkulturen von Chavin, Tiahuanaco und der Inka, die auf ganz Peru ausstrahlten. Außerdem gab es Hochkulturen in enger begrenzten Bereichen, wie Mochica, Paracas, Nazca, Chimu, die erstaunliche Leistungen auf vielen Gebieten hervorbrachten und sich über lange Zeiträume hin behaupteten. Eine sichere zeitliche Einordnung ist trotz der großen Fülle von Funden noch nicht möglich.

Lama, Alpaca, Guanaco, Vicuña ›Andenkamele‹. Lama und Alpaca wurden schon früh zu Haustieren, zu Last-, Woll- und Schlachttieren. Auf Guanaco und Vicuña wurden zur Inkazeit große Treibjagden veranstaltet.

Machu Picchu ›Die verlorene Stadt‹, 1911 von H. Bingham entdeckt.
Malqui ›Fruchttragender Baum‹ – Bezeichnung für die Mumien gewesener Inka, die an Festen teilnahmen und in den Residenzen, in denen sie zu Lebzeiten regiert hatten, weiterherrschten.
Mamacuna Leiterin der Schule der ›erwählten Mädchen‹.
Mamanchic ›Unsere Mutter‹, Ehrenname für die Coya.
Manto ›Mantel‹, Umhang. Besonders berühmt die Totenmäntel von Paracas.
Mitimae Militärkolonisten. Zum Schutz eroberter Landstriche, zum Bau von Landterrassen, Straßen und Brücken, von Festungen und Wasserwerken wurden ganze Dorfschaften zwangsweise umgesiedelt. Zuverlässige wurden in unsichere, Unzuverlässige in gesicherte Gebiete verpflanzt.
Mochica Hochkultur an der Nordküste, Vorläufer der Chimu.
Musikinstrumente Trommeln, Rasseln, Glocken, Muscheln, große Bekken, Pan- und andere Flöten; keine Saiteninstrumente. Musik und Tanz waren sehr beliebt, wie unzählige Darstellungen zeigen. Lärm und Musik bannte Geister. Aus diesem Grunde wurden sogar Gefäße so gemacht, daß sie beim Ausgießen ›Musik‹ machten: ›Pfeiftöpfe‹, die den Anschein weckten, als seien sie lebendig und hätten Lungen.

Nazca Hochkultur an der Südküste, etwa gleichzeitig mit Mochica. Typisch für Nazca: farbenfrohe Keramik und Gewebe.

Orejon ›Großohr‹. So nannten die Spanier Angehörige der führenden Schicht im Inkareich, deren Ohrläppchen durch schwere Ohrgehänge langgezogen waren.

Paccari-Tampu ›Ursprungsstätte‹ der Inka.
Pachacamac ›Welterhalter‹, höchster Gott an der Küste, ein Orakelgott, dessen gleichnamiges Heiligtum (unweit von Lima) ein uralter Wallfahrtsort war, zu dem noch in der Inkazeit Pilger zogen.
Pachamama ›Erdmutter‹, Göttin.

Paracas Halbinsel an der Südküste, ein nahezu regenloses Wüstengebiet, in dem Totenstädte gefunden wurden. In tiefen Schachtgräbern wurden die Toten in Mantos von großer Schönheit beigesetzt. Man unterschied bis vor kurzem zwei Hauptepochen: Paracas-Cavernas und Paracas-Nekropolis. Seit Strong eine ältere Epoche (›Juan Pablo‹) nachgewiesen und zumindest eine weitere Phase wahrscheinlich gemacht hat, bahnt sich eine genauere Einteilung an.

Peru Ein von Meer, Wüsten und Urwald umschlossenes Land, in dem Hochland und Küstengebiet in schroffem Gegensatz zueinander stehen. Der regenarme, unwirtliche Küstenstreifen ist von zahlreichen Flüssen durchschnitten, die langgestreckte Oasen in den Wüsten schufen.

Pucara Festung.

Puna Unwirtlicher Teil des Hochlandes.

Puṇucrucu ›Gebrechlicher Schläfer‹, Quechua-Bezeichnung für Männer der Altersstufe über Sechzig.

Puric ›Tauglicher‹, der gemeine Mann im Inkareich. Über je zehn Puric stand ein Aufseher, auch über je hundert, je tausend. Über je zehntausend war ein Tucricuc gesetzt: ›Einer, der alles sieht‹. An der Spitze der vier Weltteile des Inkareiches stand ein Apu Capac (Erhabener Oberherr), darüber, in Gottähnlichkeit, der Inka.

Quechua Das ›Inkavolk‹, das zwischen 1200 und 1500 n. Chr. ganz Peru, weite Teile Boliviens, Ecuadors und Argentiniens eroberte.

Quipu Knotenschnüre, in denen vor allem Zahlen festgehalten wurden, nach Poma de Ayala und anderen Chronisten auch Meldungen, Verordnungen, sogar Gedichte. Vermutlich dienten sie als Gedächtnisstützen. Jedenfalls erhielten die ›Leser‹ (Quipucamayoc) eine sorgfältige Ausbildung. Einige Forscher nehmen an, daß es außer dieser ›Knotenschrift‹ Ansätze zu einer Bilderschrift in Altperu gegeben habe.

Rimac ›Schreier‹, ›Sprecher‹, Orakelgott, Vorläufer des Gottes Pachacamac, auch Fluß. ›Lima‹ ist davon abgeleitet.

Runa-Simi ›Menschensprache‹, Inkabezeichnung für die Quechuasprache.

Sacsayhuaman Festung bei Cuzco mit dreifachen Zyklopenmauern. Beim Sturm auf sie fand 1535 Juan Pizarro den Tod.

Tahuantinsuyu ›Die vier Gegenden‹ (der Welt) – das Inkareich.

Tambo, auch Tampu Bezeichnung für ›Rasthaus‹ an den Inkastraßen, die in zwei mächtigen Strängen, mehrfach miteinander verbunden, das Inkareich in seiner ganzen Länge durchzogen. Dieses Straßensystem übertraf an Ausdehnung und in seiner meisterhaften Anlage, mit erstaunlich kühnen Brücken, Dämmen, Treppen, selbst die Straßen des Römerreiches.

Tiahuanaco Frühe Hochkultur, die ihr Zentrum am Südufer des Titicacasees hatte und sich in ganz Peru auswirkte. Kennzeichnend: mächtige Bauten, darunter das berühmte ›Sonnentor‹, Gefäße und Gewebe von großer Strenge und Schönheit.

Totora Schilf, aus dem Boote, Segel, Hausdächer, Matten gemacht wurden und werden.

Trepanation Schädelaufmeißelung, in Altperu schon früh geübt, nicht nur zur Heilung von Krankheiten, sondern auch zur Austreibung böser Geister und um Einstrahlungen aus höheren Welten zu erleichtern. Der Kopf galt von alters her als Sitz der magischen Kräfte. Daher auch Schädelverlängerung und Schädelabflachung in frühem Alter. Den Toten wurden Gefäße in Kopfform mitgegeben, um sie durch diese Begleiter gegen Unheil zu sichern. Von Trophäenköpfen wurde magischer Schutz und die Erhöhung der eigenen Fähigkeiten erwartet.

Uru Ureinwohner am Titicacasee. Der zehnte Inka verlangte von ihnen als Tribut pro Siedlung ›ein Horn, gefüllt mit Läusen‹. Letzte Reste leben heute noch auf Schilfinseln.

Villac-Uma ›Haupt der Nachkommenschaft‹, Hohepriester im Inkareich, Höchster nach dem Inka.

Viracocha ›Erdmacher‹, Schöpfergott von Tiahuanaco, wurde im Inkareich wie Pachacamac zu einem der Reichsgötter.

Yanacuna ›Schwarze Knechte‹, Angehörige eines Stammes, der sich empört hatte, aber auf Fürsprache der Coya begnadigt wurde. Obgleich in keiner Menschenliste geführt, konnten diese Schwarzen Knechte zu Diensten am Inkahof herangezogen werden.

Yunka Bezeichnung für die Küstenvölker (und das Küstengebiet) im Gegensatz zu ›Inka‹, der Bezeichnung für die Hochlandstämme. Zur Yunkawelt gehören viele Hochkulturen, so Mochica und Chimu, Paracas und Nazca sowie Küstenchavin und Küstentiahuanaco, sofern nicht überhaupt Chavin an der Küste seinen Ausgang nahm, was wie so vieles andere in der Peruforschung noch ungeklärt ist.

Zentrales Andengebiet Schauplatz der Entwicklung der Hochkulturen von Chavin, Tiahuanaco und des Inkareiches zur Zeit seiner größten Ausdehnung. In archäologischer Hinsicht gehören dazu Peru, weite Teile Boliviens, Ecuadors und Chiles.

Zeit	Kulturen					
	Nördl.	Mittlere	Südl.	Nördl.	Zentrales	Südl.
	Küste			Hochland		
1532 1438	Inka-Imperium					
1438 1250	Chimu	Cuismancu (Chancay)	Chincha (Ica)	Huamachuco	Inka	Collao
1250 1000	Küstentiahuanaco			Hochlandtiahuanaco		
1000 400	Mochica	Frühlima	Nazca Paracas-Nekropolis	Recuay	Tiahuanaco	
400 n. Chr. 400 v. Chr.	Galinazo Salinar	Weiß-auf-Rot	Paracas-Cavernas	Huaraz	Chanapata	Chiripa
400 v. Chr. 1000 v. Chr.	Küsten-Chavin			Hochland-Chavin		
1000 v. Chr. 3000 v. Chr.	Zeit des Ansässigwerdens					
3000 v. Chr. 10 000 v. Chr.	Zeit der Landnahme					

Diese Aufstellung stützt sich auf den Katalog der Kölner Ausstellung 1959 (›Schätze aus Peru‹). Ergänzungen durch Dr. Haberland, Hamburg. ›Typische Formen‹ nach Disselhoff/Linné, Altamerika, 1960. Manche Peruanisten von Rang teilen anders ein, so Rebeca Carrión Cachot: Chavin 4000 v. Chr. – 2000 v. Chr., Tiahuanaco-Paracas-Collao 2000 v. Chr.–1000 v. Chr., Mochica-Nazca 1000 v. Chr.–400 n. Chr., Chimu 400–1000 n. Chr., Inka 1000 n. Chr. – 1532.

Zu besonderem Dank bin ich Herrn *Dr. W. Haberland* (Museum für Völkerkunde, Hamburg) für Hinweise und kritische Durchsicht des Manuskripts verpflichtet; außerdem Herrn *Dr. Otto Zerries* (Museum für Völkerkunde, München) für freundliches Entgegenkommen.

Literatur: Folgenden Büchern sind im besonderen Anregungen auch für die Textillustrationen zu danken: *Bingham, Hiram,* Machu Picchu, London 1930 – *Bushnell, G. H. S.,* Ancient Peoples of the Andes, Harmondsworth – *Disselhoff, H. D.,* Gott muß Peruaner sein, Stuttgart 1957 – *Disselhoff, H. D.,* und *Linné, Sigvald,* Altamerika, Baden-Baden 1960 – *Flornoy, Bertrand,* Rätselhaftes Inkareich, Zürich 1956 – *Hagen, V. W. von,* Highway of the Sun, London 1955 – *Huber, Siegfried,* Im Reich der Inkas, Olten und Freiburg 1956 – *Kutscher, Gerdt,* Chimu, eine indianische Hochkultur, Berlin – *Leicht, Hermann,* Indianische Kunst und Kultur, Zürich 1944 – *Poma de Ayala, F. G.,* Nueva corónica y buen gobierno, Paris – *Trimborn, Hermann,* Das alte Amerika, Zürich 1959.

Bücher von Hans Baumann in den Ravensburger Taschenbüchern

Sonderreihe: Mein erstes Taschenbuch:

Der Bär und seine Brüder	Band 40

Kinderbücher:

Kasperle hat viele Freunde	Band 190
Affengeplapper	Band 255
Das Karussell auf dem Dach	Band 279

Jugendbücher:

Die Welt der Pharaonen	Band 35
Die Höhlen der großen Jäger	Band 57
Vorstoß zum Pazifik	Band 92
Gold und Götter von Peru	Band 151
Löwentor und Labyrinth	Band 209
Im Lande Ur	Band 229
Der Sohn des Columbus	Band 246

Weitere Bände von Hans Baumann sind in Vorbereitung.

Politisch-religiöses Leben	Handwerk u. ä.	Typische Formen
Inka-Horizont Einheitsstaat Sonnenreligion	Straßenbau Steinbauten	
Kleine Königreiche besonders an der Küste	Massenfabrikation Bronze	
Tiahuanaco-Horizont	Tiahuanacostil	
Klassengesellschaft Tierdämonen	Blüte v. Kunst und Handwerk Großbauten	
Entfaltung verschiedener Kulturen, oft auf einzelne Täler beschränkt	Kupfer Gold Silber Legierungen Paracas-Weberei	
Chavin-Horizont Kultzentren mit Steinbauten	Gold Steinskulptur Jaguarmotiv	
Siedlungen mit Erdhütten erster Ackerbau	Einfache Tongefäße Gewebe geschliffene Steingeräte	
Jagd Fischfang Sammeln	Knochengeräte Flechten Knüpfen Steingeräte und Steinwaffen	

Die meisten der aufgeführten Epochen sind, näher besehen, weit komplizierter, als diese Aufstellung zeigen kann. Um ein Beispiel zu geben: Der Tiahuanaco-Horizont schloß, soweit bis jetzt ersichtlich, folgende Kulturen ein: Epigonales Mochica, Mittel-Ancon, spätes Nazca, Wilkawain, Huari – doch waren alle diese Kulturen in der Zeit zwischen 1000 und 1250 n. Chr. so tief von Tiahuanaco beeinflußt, daß ohne Bedenken von einem Horizont gesprochen werden kann.

Tumbez
EKUADOR
Piura
R. Marañón
R. Amazonas
Lambayeque
Cupisnique
Chicama
Chanchan
Moche
Viru
Nördliche Küste
Cajamarca
Huamachuco
R. Ucayali
Santa
Nepeña
Casma
Nördliches Hochland
Chavin
Recuai
BRASILIEN
Paramongo
Mittlere Küste
Chancay
Cuismancu
LIMA
Pachacamac
PERU
Huancayo
R. Urubamba
Chinchá
Pisco
Ica
Nazca
Halbinsel Paracas
Südliche Küste
Ayacucho
Huari
Zentrales Hochland
Machu Picchu
Pisac
Cuzco
Pucara
Südliches
Hochland
Titicacasee
LA PAZ
Tiahuanaco
PAZIFISCHER
OZEAN
Arequipa
Mollendo
N
Arica
CHILE
BOLIVIEN